Consommation et luxe

Benoit Duguay

Consommation et luxe

La voie de l'excès et de l'illusion

Liber

Les éditions Liber reçoivent des subventions du Conseil des arts du Canada, du ministère du Patrimoine canadien (PADIE), de la SODEC (programme d'aide à l'édition et programme d'aide à l'exportation) et participent au programme de crédit d'impôt-Gestion SODEC pour l'édition de livres du gouvernement du Québec.

Dépôt légal : 4e trimestre 2007
Bibliothèque nationale du Québec

ISBN 978-2-89578-139-4

À mon fils Mathieu

INTRODUCTION

La consommation constitue depuis longtemps la colonne vertébrale de nos sociétés. Elle a explosé après la deuxième guerre mondiale, guidée par le souci de l'utilité et de l'accumulation, elle a été relancée dans les années 1970 et 1980 par le désir de paraître et d'appartenir à une civilisation gagnante, elle en est maintenant à la phase de la course à la distinction d'ego boursouflés, couplée à une quête d'émotions et de sensations inédites. Le goût du luxe, plus que le luxe lui-même et beaucoup plus que le goût tout court, est devenu le nouveau ressort de l'hyperconsommation. C'est lui qui est le sujet de ce livre.

Le luxe n'est certes pas une invention récente. « Le dernier des mendiants a toujours une bricole de superflu ! Réduisez la nature aux besoins de nature et l'homme est une bête », lit-on dans Shakespeare. Ce à quoi Lipovetsky ajoute que, « depuis longtemps, les meilleurs esprits ont souligné le caractère universel, anthropologique du luxe. [...] Le luxe c'est le rêve, ce qui embellit le décor de la vie, la perfection faite chose par le génie humain[1]. » Certes, le luxe n'est pas le même pour tous. Il y a le luxe

1. G. Lipovetsky et É. Roux, *Le luxe éternel. De l'âge du sacré au temps des marques*, Paris, Gallimard, 2003, p. 19.

du mendiant et celui du despote, le luxe de l'aristocrate et celui du parvenu, celui du poète et celui du petit-bourgeois. Il y a le vrai et le faux luxe, l'authentique et le kitch. Mais il y a sans doute chez tous un désir de quelque chose qui dépasse la simple utilité, le cours banal des choses, le désir d'un écart (dans le prix, dans la qualité, dans le choix des matériaux) par rapport à une norme ou à une conduite habituelle, écart grâce auquel la valeur de l'objet devient valeur (réelle ou imaginaire, peu importe) de celui qui le possède. De nos jours toutefois, cette attitude naturelle et universelle, qui a longtemps été « réservée » à une classe ou à une caste, à des moments particuliers, à des circonstances spéciales, s'est démocratisée et généralisée en modèle même de l'échange marchand sinon du mode d'être. En matière de consommation, nous assistons aujourd'hui, tant chez le producteur que chez le consommateur, chez le vendeur autant que chez le client, à un ensemble de comportements exagérés, égoïstes, souvent irresponsables, voire destructeurs, massivement adoptés au nom du luxe. On note ainsi une tendance chez les entreprises de plusieurs secteurs à délaisser leur marché naturel pour se consacrer à une clientèle sinon fortunée du moins prête à dépenser. Du côté du consommateur, le désir de la distinction est cause d'un endettement excessif.

Qu'est-ce que le luxe ? Quelles sont nos attentes vis-à-vis des produits et services de luxe ? Comment se pratique le marketing du luxe ? Y a-t-il des comportements qui peuvent faire contrepoids à l'hyperconsommation et la mettre en échec ? Voilà quelques-unes des questions auxquelles je me propose de répondre dans ce livre. J'espère contribuer ainsi à faire réfléchir sur la consommation et à infléchir nos habitudes en cette matière. Je ne pense pas seulement, en disant cela, à la population en général, mais aussi et surtout aux entreprises et aux spécialistes du marketing qui se sont engagés dans une logique de surenchère dont ils ne veulent pas voir les risques.

Ce livre n'est pas une critique du marché ni de la structure de classe de nos sociétés, ce n'est pas davantage un plaidoyer pour un retour au régime du troc, ni même une apologie de la simplicité volontaire, encore moins du dénuement. C'est un livre contre les excès. Celui des producteurs et des vendeurs, qui sont maintenant téléguidés par des actionnaires rapaces et sans morale, celui des consommateurs qui, par un comportement irresponsable et moutonnier, s'endettent sans retenue, se laissent conduire par l'illusion et la vanité, et finissent par insuffler à l'économie, aux médias et à l'ensemble de la société une tonalité de horde désordonnée, insouciante et égoïste. Ce livre est écrit dans une perspective responsable de la production, du commerce et de la consommation.

Si le luxe a toujours existé, nous assistons aujourd'hui à sa spirale « inflationniste ». Cette montée du luxe est attribuable à deux facteurs, le premier prenant son origine chez le consommateur, le second chez le producteur. Dans le cas du consommateur, Maslow nous a appris que la satisfaction des besoins est éphémère, que l'être humain désire toujours quelque chose[2]. En consommation, le plaisir est momentané ; ce qui nous fait envie aujourd'hui et que nous achèterons demain nous laissera indifférents dans quelques jours ou quelques semaines, ou du moins ne nous procurera plus le même plaisir. Cela est attribuable à un phénomène d'habituation, bien connu en psychologie, que Madeleine Grawitz définit ainsi : « Réduction ou suppression des réactions en cas de répétition de stimuli semblables[3]. » Nous nous habituons rapidement aux

2. A. H. Maslow, *Motivation and Personality*, New York, Harper & Row, 1954, p. 69.

3. M. Grawitz, *Lexique des sciences sociales*, Paris, Dalloz, 1994 (6e éd.), p. 195.

objets qui nous entourent, puisqu'ils s'intègrent à notre quotidien. En outre, ce phénomène d'habituation fait que des stimuli de plus en plus forts seront nécessaires pour provoquer une réaction, le plaisir dans le cas de la consommation. Or, puisque dans notre monde d'hyperconsommation l'hédonisme est poussé au paroxysme, la quête du plaisir exige d'acheter des produits toujours plus performants, toujours plus luxueux. Le terrain humain est donc fertile pour les vendeurs de luxe de tout acabit.

Dans le cas du producteur, la motivation est différente, mais l'inflation également présente ; c'est la recherche de bénéfices toujours plus élevés, voire de marges de profits de plus en plus fortes année après année. Soyons clairs, je ne critique pas le fait qu'une entreprise réalise un bénéfice ; il est essentiel à son développement, voire à sa survie. Ce que je critique, ce sont les profits ou les marges de profits exagérés. « Exagérés », demandera-t-on, qu'est-ce à dire ? Cette question faussement profonde ou illusoirement importante ne m'occupera pas. Chacun de nous est doté d'une conscience et de bon sens pour apprécier ce qui est raisonnable et ce qui ne l'est pas. Seuls certains idéologues s'évertuent à vouloir bêtement tout quantifier, reléguant ce qui ne peut l'être au rang d'insignifiance.

Il m'est impossible de mentionner toutes les personnes qui ont permis à ce livre de voir le jour ; qu'elles sachent que je leur adresse ici toute ma gratitude ! Je voudrais remercier chaleureusement les éditions Liber pour la confiance et l'amitié qu'elles me témoignent. Je veux également exprimer ma reconnaissance à ceux qui ont lu et critiqué le manuscrit : Danièle et Gérard Daeron ainsi que Michel François à Paris, et Pierre Delorme à Montréal. Enfin, je remercie tout particulièrement Danièle, dont le soutien indéfectible m'est naturellement essentiel ; sa lecture attentive des différentes versions du texte a largement contribué à l'ouvrage que voici.

Je dédie ce livre à mon fils Mathieu, à qui je voudrais rendre plus clair ce que la génération de ses parents a fait, de bon et de moins bon ; j'espère que ma réflexion permettra à lui et à sa génération de mieux comprendre leurs attentes et de devenir plus responsables dans leur consommation aussi bien que dans leur gestion des pratiques commerciales.

CHAPITRE I

De la consommation à l'hyperconsommation

La consommation a connu une évolution en crescendo. Dans *Le bonheur paradoxal*, Gilles Lipovetsky note, au sujet de la société d'aujourd'hui : « Peu à peu, l'esprit de consommation a réussi à s'infiltrer jusque dans le rapport à la famille et à la religion, à la politique et au syndicalisme, à la culture et au temps disponible. Tout se passe comme si, dorénavant, la consommation fonctionnait comme un empire sans temps mort dont les contours sont infinis[1]. » Ainsi, pour la première fois, au Canada en tout cas, un parti politique affiche son logo sur une voiture de course : « Le Parti conservateur a lancé son plus récent effort publicitaire dimanche : la voiture numéro 29 sur le circuit Mosport, à Bowmanville, Ontario. Le gros C bleu Conservateur sera également sur la voiture pendant les courses de la série Canadian Tire NASCAR à Edmonton en juillet et à Trois-Rivières en août, avec Pierre Bourque au volant. » Une source anonyme du parti affirme que cette publicité espère séduire « ce qu'ils

1. G. Lipovetsky, *Le bonheur paradoxal. Essai sur la société d'hyperconsommation*, Paris, Gallimard, 2006, p. 12.

appellent l'électeur Canadian Tire. Il s'agit d'un propriétaire de maison à revenu moyen, des secteurs suburbains, des centres régionaux et des communautés rurales, doté d'une mentalité de bricoleur[2]. » Certes, les partis politiques ont toujours utilisé la publicité, mais jamais de façon aussi ouvertement marchande : n'est-ce pas abaisser l'expression de la démocratie encore davantage au rang d'objet de consommation ?

La consommation a pris tant de place dans nos existences qu'on la propose comme mode de vie. À preuve, le slogan du Dix30, un nouveau centre commercial de type style de vie (Lifestyle Shopping Mall) : « Quartier Dix30 — milieu de vie urbain. » Cette nouvelle incarnation du centre commercial est un des éléments que nous détaillerons dans le chapitre suivant ; essayons d'abord de comprendre ce qui nous a conduits là.

L'émergence du marché de masse

Lipovetsky distingue trois temps dans l'évolution du capitalisme de consommation : la naissance des marchés de masse, l'âge de la société de consommation de masse et l'époque de la consommation émotionnelle. La première est marquée par l'apparition vers 1880 de procédés de fabrication en grande série pour une multitude de produits : cigarettes, produits alimentaires, voitures, etc. L'effet de ces techniques a été double : réduire considérablement le coût de fabrication des marchandises et en augmenter l'offre de façon exponentielle. Jusqu'alors, l'offre s'ajuste à la demande, laquelle demeure limitée ; on ne parle pas encore de consommation *de masse*. La philosophie d'affaires des producteurs repose jusque-là sur la fabrication et la vente d'un nombre limité d'articles

2. D. Leblanc et K. MacArthur, « Criticism Takes Shine off New Tory Car », *The Globe and Mail*, 18 juin 2007.

sur lesquels on réalise un profit unitaire important. Le nouveau mode de production vient bouleverser ce modèle.

La capacité de production est devenue telle qu'elle dépasse largement la demande ; on doit donc maintenant ajuster la demande à l'offre. Pour stimuler la demande, faire naître les marchés de masse, on met au point des tactiques commerciales parallèles à celles de production : c'est la naissance du marketing moderne. Lorsque la demande excède l'offre, les entreprises écoulent toutes sans mal leur production ; ce n'est plus le cas. Elles doivent maintenant diffuser de l'information pour faire valoir leurs produits et démontrer qu'ils sont préférables à ceux des concurrents ; la *marque* joue désormais un rôle prépondérant. « C'est au cours des années 1880 que sont fondées ou que deviennent célèbres Coca-Cola, American Tobacco, Procter & Gamble, Kodak, Heinz, Quaker Oats, Campbell Soup. De 1886 à 1920, le nombre de marques déposées en France passe de 5 520 à 25 000[3]. » Cela permet de différencier les produits, une stratégie qui a pris encore plus d'importance de nos jours.

Outre la marque, un autre élément est essentiel à la différenciation, la *publicité*. D'embryonnaire à la fin du dix-neuvième siècle, elle explose dès le début du vingtième. Lipovetsky cite Richard S. Tedlow : « De 11 000 dollars en 1892, les dépenses publicitaires de Coca-Cola s'élèvent à 100 000 en 1901, 1,2 million en 1912, 3,8 millions en 1929[4]. » Selon Dorothy Cohen, la publicité voit le jour dès le début du dix-huitième siècle aux États-Unis dans le *Boston News Letter*, premier véritable journal de la colonie d'alors[5] ; elle prend son essor avec l'arrivée de la production de masse. Dès les années

3. G. Lipovetsky, *op. cit.*, p. 27.

4. *Ibid.*

5. D. Cohen, *Advertising*, New York, John Wiley & Sons, 1972, p. 51.

1870, les publicités pour l'huile de St. Jacob, un traitement contre le rhumatisme, envahissent tous les États-Unis. Celles de Castoria, un laxatif pour enfants, sont également très présentes; on peut encore les voir sur certains édifices. Le slogan « Il flotte », encore utilisé de nos jours pour vendre le célèbre savon Ivory de Procter & Gamble, apparaît pour la première fois dans une publicité publiée dans le magazine *Century* en juillet 1891. L'industrie automobile, pilier de l'économie américaine, n'est pas en reste. À la fin du siècle, « les constructeurs automobiles réalisent qu'ils doivent démontrer la vitesse et la durabilité de leurs produits[6]. » Dès 1895, la publicité de véhicules automobiles fait son apparition dans les médias imprimés. Elle fleurit également en France, où elle s'apparente trop souvent à la réclame tapageuse[7]. Malgré les efforts louables de plusieurs publicitaires d'alors, la publicité française affiche un retard sur celle qui se pratique outre-Atlantique, décalage que Bleustein-Blanchet attribue à la défiance des consommateurs français à l'égard de la publicité.

Un troisième mécanisme innovateur vient contribuer à transformer le paysage commercial, le *mode de distribution*. Le petit commerce n'étant pas approprié au développement d'un marché de masse, on voit apparaître

6. *Ibid.*, p. 60.

7. Voici un exemple éloquent de publicité-réclame à cette époque que Bleustein-Blanchet appelle l'« âge de la sorcellerie » : «"La clé du bonheur par la santé et par la force — Je paierai 5 000 F pour tout cas de débilité nerveuse, varicocèle, rhumatismes, courbatures, lumbago, sciatique, maux de rein n'atteignant pas le mal de Bright, dyspepsie, constipation, faiblesses féminines et leurs différents symptômes ou toute autre faiblesse que je ne pourrai pas guérir avec mon nouvel appareil électrique professionnel, admiration des électriciens, le procédé le plus merveilleusement curatif qui ait jamais été présenté" (annonce d'un quart de page parue dans tous les grands supports de l'époque)» (M. Bleustein-Blanchet, *La rage de convaincre*, Paris, Robert Laffont, 1970, p. 43).

une autre forme de détaillant, le grand magasin : « En France, Le Printemps est fondé en 1865 et Le Bon Marché en 1869 ; aux États-Unis, Macy's et Bloomingdale's deviennent des grands magasins avant et après les années 1870. Reposant sur de nouvelles politiques de vente agressives et séductrices, le grand magasin constitue la première révolution commerciale moderne inaugurant l'âge de la distribution de masse[8]. »

L'objectif de ce nouveau type de commerce de détail peut se résumer ainsi : le profit par le volume. Le détaillant, qui jusqu'alors privilégiait une marge de profit unitaire élevée, réduit celle-ci ; désormais il sait qu'un petit profit réalisé sur chaque article vendu produit un bénéfice total considérable lorsqu'il est multiplié par des milliers d'articles.

D'autres aspects du commerce se transforment également. Si on veut vendre des milliers d'articles, il est impossible d'en négocier le prix chaque fois comme on le faisait auparavant : il importe dès lors d'en afficher le prix et celui-ci devient fixe. Il est évidemment nécessaire d'attirer les consommateurs dans ces établissements ; la publicité peut certes jouer ce rôle, en plus de stimuler la demande, mais on doit appuyer les efforts publicitaires. C'est là qu'apparaît le *marchandisage*, l'art de présenter les produits de façon à séduire le client. Pensons ici non seulement au produit lui-même, c'est-à-dire l'emballage, mais également, et peut-être même avant tout, à l'espace commercial, au magasin lui-même : « Style monumental des magasins, décorations luxueuses, dômes resplendissants, vitrines de couleurs et de lumière, tout est agencé pour éblouir la vue, métamorphoser le magasin en fête permanente, émerveiller le chaland, créer un climat compulsif et sensuel propice à l'achat[9]. » En fait, on

8. G. Lipovetsky, *op. cit.*, p. 28.
9. *Ibid.*

invente de toutes pièces une nouvelle forme de loisir, le shopping. Celui-ci deviendra un peu plus tard le passe-temps favori de la classe moyenne et conduira à la construction de gigantesques centres commerciaux. C'est le second âge du capitalisme de consommation.

Une société de consommation de masse

On situe en général les débuts de la société de consommation au début des années 1950, peu après la seconde guerre mondiale. Si l'apparition des marchés de masse a permis à la bourgeoisie d'avoir accès à des biens autrefois réservés à une élite, l'époque suivante a véritablement démocratisé la consommation en la rendant accessible à la classe moyenne. L'essor économique incroyable qu'ont connu les pays industrialisés dans la seconde moitié du vingtième siècle, jusqu'au début des années 1990 environ, est attribuable à la frénésie de consommation alimentée, en grande partie, par la classe moyenne. La société de consommation n'a pas eu que des conséquences négatives ; elle a bel et bien contribué, à cette époque, à un enrichissement collectif. D'ailleurs, l'appauvrissement continuel de la classe moyenne des années 1990 jusqu'à aujourd'hui n'est pas étranger aux difficultés financières que connaissent plusieurs sociétés.

Sur le continent nord-américain, la création des banlieues a sans doute été le phénomène social qui a le plus marqué la société de consommation[10]. En France, le phénomène s'est manifesté plus tard, entre autres à cause des travaux de reconstruction d'après-guerre. C'est ce nouveau mode de vie qui a sans aucun doute permis le développement de la consommation de masse pendant au moins trois décennies. Il a tout d'abord nécessité la construction de résidences unifamiliales, générant un

10. D. Cohen, *op. cit.*, p. 65.

boom économique d'une ampleur sans précédent ; ce n'est pas pour rien qu'on entend encore aujourd'hui l'adage selon lequel « quand la construction va tout va ». Ces maisons, il a bien fallu les meubler : la vente de biens durables, tels l'ameublement et les appareils électroménagers, a connu une croissance phénoménale. Sans compter l'automobile, symbole par excellence de l'accession à la classe moyenne ; c'est à cette époque que l'industrie automobile nord-américaine a véritablement pris son essor. Même si la Ford modèle T, la première automobile à prix « abordable », avait vu le jour en 1908, le *horseless carriage*, comme l'avaient surnommé les Américains, avait été jusque-là réservé à l'élite et à la bourgeoisie.

Le nombre accru de voitures, moins rudimentaires, plus puissantes, nécessite la construction d'un réseau de voies rapides, le fameux réseau d'autoroutes américaines (Interstate Highway System), dont l'ancêtre était la célèbre « route 66 », inaugurée en 1926, reliant Chicago à Los Angeles. C'est le Federal-Aid Highway Act, signé en 1956 par le président Eisenhower, qui a permis aux États-Unis de se doter d'un réseau autoroutier moderne. Au Canada, si la construction de la route transcanadienne devant relier toutes les provinces avait été décidée dès 1948, ce n'est qu'en 1957 que le Parti libéral de Lester B. Pearson alloue des subventions à certaines provinces pour en achever la construction. Même si ses 7 821 km en font la plus longue route nationale au monde, la route transcanadienne n'est pas véritablement un réseau autoroutier comparable à celui des États-Unis. La France n'est pas en reste, mais adopte une approche un peu différente, celle du privé. Dès 1956, une première entité voit le jour, la Société de l'autoroute Esterel-Côte-d'Azur (ESCOTA), qui gère maintenant un réseau de 459 km d'autoroutes à péage. S'ensuivra la création de la Société de l'autoroute de la vallée du Rhône (SAVR) en 1957. Ce n'est qu'en 1958 que le gouvernement dépose un schéma autoroutier prévoyant la construction de 2000 km d'autoroutes entre 1960 et 1975. Si la France a mis un peu plus de temps à mettre en place son infrastructure, elle peut de nos jours compter sur un réseau autoroutier remarquable, comparable à celui des États-Unis.

Un autre bien durable, la télévision, a eu un effet inflammatoire sur la consommation. Si le petit écran, comme on l'appelle communément, a d'abord été un objet de consommation convoité, il a aussi été un instrument important dans le développement de la société de consommation. C'est aux États-Unis que la télévision se répand d'abord très rapidement. En 1948, un téléviseur est déjà présent dans un million de foyers ; ce nombre quadruple pratiquement dans les deux années suivantes. En fait, la demande explose, car le nombre d'appareils passe à 30,7 millions en 1955, à 47,7 millions en 1960, à 52,7 millions en 1965 et à 59,6 millions en 1970. Ce qui est remarquable, c'est le taux de pénétration de cette nouvelle technologie dans les foyers ; de seulement 9 % en 1950, ce nombre passe à 64,5 % en 1955, à 87,1 % en 1960, à 92,6 % en 1965 et à 95,2 % en 1970. Afin de mieux comprendre l'impact de ce nouveau média, il est important de savoir qu'en 1950 les téléspectateurs étaient déjà rivés à leur écran plus de quatre heures et demie par jour ; en 1970, ce nombre atteint tout près de six heures[11].

Les annonceurs saisissent rapidement le potentiel de ce nouveau média, très vivant puisqu'il combine l'audio et le visuel : dès 1948, cinquante-huit chaînes sont présentes dans trente-deux villes, plus de huit cents annonceurs ont dépensé 8,7 millions de dollars par année pour afficher leurs messages sur dix millions de récepteurs et il existait trente-neuf commanditaires de réseaux[12].

---

11. *Ibid.*, p. 547-548.

12. *Ibid.* Ces statistiques citées par D. Cohen sont tirées de M. Christopher, *Broadcast Advertising, 1970*, Advertising Age, 2 novembre 1970, p. 68.

En 1950, la somme dépensée a déjà plus que décuplé, passant à 90 millions de dollars. La publicité télévisée affiche donc une présence importante dès le début de la société de consommation. Plutôt que de la démoniser, comme certains l'ont fait, il est important de reconnaître l'influence culturelle de tous ces messages publicitaires. Tout le monde s'entend sur le rôle économique de la publicité, car c'est là sa vocation première ; son rôle culturel est moins évident, mais non moins considérable. « La publicité est une production de la société qui lui fournit sa finalité commerciale et son langage. Mais elle est, elle-même, génératrice de culture, par sa nécessaire promotion de l'innovation et par sa quête permanente de l'originalité. Comme tous les médias de communication de masse, et par leur intermédiaire, elle intervient directement sur le langage, le système de valeurs, les normes de pensées, les modes de vie. Régulateur culturel, la publicité apparaît comme miroir et moteur culturel tout à la fois[13]. »

Contrairement à ce qu'on pense en général, l'effet principal de la publicité n'est pas de faire acheter un produit par le consommateur. Bien sûr, c'est l'impact le plus visible, le but visé par les annonceurs qui doivent différencier leurs produits de ceux de leurs concurrents et convaincre les acheteurs potentiels ; c'est ce qu'on appelle la stimulation de la demande *secondaire*, ou demande pour un produit précis. Mais les publicitaires insistent également sur l'effet stimulateur des publicités *combinées* de toutes les entreprises d'une industrie sur la demande *primaire*, ou demande pour une catégorie de produits. Autrement dit, l'ensemble des messages publicitaires pour les jeans, tous modèles et toutes marques confondues, provoque une augmentation de l'engouement pour ce type de vêtement. On voit même certaines industries

---

13 B. Cathelat, *Publicité et société*, Paris, Payot, 1992, p. 235.

promouvoir la consommation de leurs produits ; au Québec, il y a ainsi eu des campagnes pour le lait (« Je bois mon lait comme ça me plaît ») et les œufs (« Je craque pour toi mon coco »). Ce n'est pourtant pas encore l'effet le plus important de la publicité. L'influence majeure de la publicité c'est en effet de participer à la création d'un climat social propice à la consommation — *participer*, car la publicité n'aurait pu à elle seule faire naître la société de consommation. D'une façon simple, disons que la multiplication de messages publicitaires, pour toutes sortes de produits, comporte en soi un message unique très fort pour l'individu qui y est exposé : *la consommation est essentielle au bonheur.*

La société de consommation, c'est d'abord et avant tout un projet de société : « Au cours de cette phase s'édifie à proprement parler la "société de consommation de masse" comme projet de société et but suprême des sociétés occidentales[14]. » Si la publicité, télévisée ou non, a participé à construire la société de consommation, les émissions télédiffusées ont contribué tout autant, sinon plus, à diffuser les symboles qui lui sont propres et à valoriser un mode de vie axé sur la consommation. Là encore, il ne s'agit pas d'accuser la télévision d'être seule responsable de l'émergence de ce consensus social, ou « imaginaire » de consommation, comme l'appelle Robert Rochefort[15] ; outre les nouvelles méthodes de production, il faut également considérer les autres stratégies commerciales et l'évolution des valeurs de la société. Je reviendrai sur les éléments commerciaux un peu plus loin, penchons-nous d'abord sur les valeurs.

---

14. G. Lipovetsky, *op. cit.*, p. 32.

15. R. Rochefort, *La société des consommateurs*, Paris, Odile Jacob, 1995.

Les valeurs des baby-boomers

Si la société de consommation a pu s'implanter, c'est parce qu'au milieu du vingtième siècle les valeurs de la société de l'époque s'y prêtaient bien; avant d'influer sur les valeurs, la publicité a d'abord reflété celles qui existaient déjà. Revenons en arrière et essayons de nous mettre dans l'esprit d'euphorie qui régnait après la seconde guerre mondiale. Lors de la libération de l'Europe, les gens dansaient dans les rues; il existe encore de nombreuses personnes qui se souviennent de cette époque. Les Français dansaient parce que ça signifiait la fin du joug de l'occupant; les Américains, les Britanniques et les Canadiens dansaient parce que les soldats allaient bientôt rentrer à la maison; même les vaincus avaient raison de se réjouir, car les responsables du gâchis n'étaient plus là. Pour tous, la fin de la guerre signifiait la fin des privations. Les gens avaient confiance en l'avenir; ayant confiance en l'avenir, qu'est-ce qu'ils ont fait? Des bébés! Un incroyable *baby-boom* a balayé l'Occident, entraînant un accroissement de consommation qui n'a fait qu'augmenter à mesure que cette nouvelle génération grandissait. Les usines de guerre se sont reconverties pour produire toutes sortes de biens de consommation et de machinerie nécessaire à la reconstruction des pays dévastés. Le chômage était à son plus bas et les gens plus riches; le rêve d'une ascension sociale s'est matérialisé. Qu'est-ce que les gens font lorsqu'ils ont davantage d'argent? Ils consomment plus. Les vendeurs de tout acabit ont rapidement stimulé le mouvement en utilisant plusieurs stratégies commerciales: à la publicité s'ajoutent de nouvelles méthodes de distribution, des modes aussi provocantes qu'éphémères et des méthodes de paiement innovatrices, à crédit et « sans douleur ».

Penchons-nous tout d'abord sur les méthodes de distribution, car elles ont eu un impact profond sur le style de vie de la population. La période précédente avait vu naître les grands magasins ; celle-ci voit apparaître le *shopping center*. À l'instar du réseau autoroutier, la migration des populations vers la banlieue rend essentielle la construction d'un nouveau mode de distribution : le centre commercial. Local ou régional, on y trouve la plupart du temps un supermarché ; plusieurs grands magasins ouvrent une succursale dans les centres régionaux. Ces deux types de commerce constituent d'ailleurs les pôles d'attraction obligés, sans lesquels ces complexes commerciaux ne peuvent être rentables. D'abord simple regroupement de magasins reliés par un trottoir, offrant en prime de généreux espaces de stationnement gratuit, le centre commercial a ensuite évolué en un concept fermé, permettant de faire ses achats à l'abri des intempéries. Si les grands magasins, avec leurs étalages et leurs décorations attrayants ont fait naître le shopping, l'activité consistant à flâner en regardant les vitrines, les centres commerciaux en ont fait le passe-temps privilégié des gens. On a même vu des personnes y faire leur marche rapide en groupe, hors des heures de grande affluence. Soucieuse d'assouvir les moindres envies de sa clientèle, et surtout d'en tirer un maximum de bénéfice, l'administration de ces centres y implante toutes sortes de restaurants et de comptoirs de restauration rapide ; après les privations de la guerre, on passe à la goinfrerie. Cette surabondance de nourriture, souvent nuisible à la santé, n'est pas étrangère à l'épidémie d'obésité actuelle, particulièrement aux États-Unis. Le centre commercial a véritablement fait naître un nouveau style de vie axé sur la consommation et à l'affût de toutes les nouveautés.

Les modes introduites pendant cette période sont déterminées par le contexte socioculturel d'alors. À compter du début des années 1960, les bébés de l'après-guerre sont devenus des adolescents, puis de jeunes adultes ; formant une proportion importante de la population, ils inculquent à la société le culte de la jeunesse. C'est l'époque du « Peace and Love », de la contre-culture hippie, qui exerce une influence considérable sur la culture, sur la coiffure, l'habillement, la musique et les mouvements sociaux, pacifistes en particulier. On assiste alors à un bouleversement sans précédent des valeurs : libéralisation des mœurs sexuelles, favorisée par l'apparition du contraceptif oral, changement du rôle traditionnel de la femme, encouragé par le mouvement féministe, métamorphose de la musique avec une pléthore de groupes, etc. Les chansons « All You Need Is Love » (John Lennon et Paul McCartney) et « Give Peace a Chance » (John Lennon) ont fait toutes deux le tour de la terre et inspiré toute une génération qui avait le sentiment de pouvoir tout faire et, par-dessus tout, la volonté de le faire.

Car, si on critique les dérives de la société de consommation, il ne faudrait surtout pas oublier que le modèle économique sur lequel elle est fondée est en définitive le meilleur que nous ayons trouvé, ou encore, comme le dit Robert Rochefort, « la société de consommation est la moins mauvaise des formes de société testées jusqu'à présent[16] ». Le boom économique de cette époque n'a pas eu que des effets négatifs et les *baby-boomers*, tout jouisseurs qu'ils soient, n'ont pas fait, et ne font toujours pas, que la nouba ; si la génération de leurs parents a concédé des sacrifices énormes pour mettre un terme à la seconde guerre mondiale, ils ont quant à eux fait cesser une autre guerre, celle du Viêtnam. Leurs actions, inspirées de leur idéologie sociale, se manifestent partout dans le monde ; pensons aux contestations du mouvement étudiant et social de mai 68 à Paris, qui obligeront le président de Gaulle à dissoudre l'Assemblée nationale un

16. *Ibid.*, p. 12.

an plus tard et au *Moratorium* pour la paix à Washington et dans d'autres villes des États-Unis en octobre 1969, qui mènera finalement à la destitution du président Richard Nixon et au retrait des troupes américaines du Viêtnam.

C'est également l'époque de la conquête de l'espace, et, au Québec, celle de la Révolution tranquille et ses grands projets : ouvrages hydroélectriques, exposition universelle de 1967, métro de Montréal. Ici comme ailleurs, la révolution culturelle connaîtra son apogée vers la fin des années 1970. La seconde époque de la consommation a connu une « révolution commerciale[17] », fondée sur des prix cassés ; avec elle prend fin ce que l'on pourrait appeler l'« âge d'or » de la consommation à prix abordable.

La consommation émotionnelle : le plaisir s'ajoute à l'image

« Depuis la fin des années 1970, c'est le troisième acte des économies de consommation qui se joue sur la scène des sociétés développées[18]. » Si l'âge précédent a été d'abord celui du confort puis du style de vie ostentatoire, une consommation faite pour briller aux yeux des autres, cette nouvelle époque voit se modifier la relation entre l'individu et ses possessions ; on parle désormais d'une consommation pour soi. Le souci de paraître n'a pas disparu, tant s'en faut, l'image de soi joue toujours un rôle prépondérant dans la consommation, mais l'importance de ses aspects personnels est maintenant plus forte. L'étude de l'évolution de l'image de soi selon l'âge, réalisée par René L'Écuyer, permet de comprendre aisément ce phénomène[19].

17. G. Lipovetsky, *op. cit.*, p. 31.

18. *Ibid.*, p. 34.

19. R. L'Écuyer, *Le développement du concept de soi de l'enfance à la vieillesse*, Montréal, Presses de l'université de Montréal, 1994. Sur le

Le groupe d'âge qui exerce le plus d'influence sur la consommation est toujours celui des *baby-boomers*. Au début des années 1980, ceux nés en 1946 ont trente-quatre ans, et ceux nés à la mi-temps (1956) de cette explosion des naissances en ont vingt-quatre. Or, la plage 24-57 ans correspond au stade de la *maturation de soi*; plus précisément, les 24-34, le groupe qui nous intéresse ici, sont au sous-stade de la *polyvalence du soi*. Ce passage à la vie adulte se caractérise par la prééminence de trois structures: le *soi personnel*, le *soi adaptatif* et le *soi social*. « La multiplicité des nouvelles expériences et des responsabilités adultes, de même que la grande diversité des nouveaux rôles importants et complexes de la vie adulte obligent à une capacité d'intégrer différentes images de soi et à d'incessantes adaptations aux diverses réalités et à l'environnement social[20]. » Au sous-stade de la *polyvalence du soi*, l'importance de la structure *soi matériel* n'est plus centrale mais intermédiaire (L'Écuyer utilise une échelle en trois points, *centrale*, *intermédiaire* et *secondaire*, pour mesurer l'importance d'une dimension du soi); celle de la catégorie *possession d'objets* de la sous-structure *soi possessif* perd l'importance intermédiaire qu'elle avait au stade précédent, pour devenir la plupart du temps secondaire. Cela dénote l'importance *un peu* moins grande accordée aux biens matériels. Ce qui change encore plus, c'est la préoccupation, inexistante au stade précédent, de partager ses biens, d'en faire profiter sa famille. On consomme pour soi, mais la définition du « soi » s'est élargie; les possessions ne sont plus associées « au seul plaisir de posséder pour posséder, mais aux nouveaux rôles et aux nouvelles

lien entre image de soi et consommation, voir aussi B. Duguay, *Consommation et image de soi. Dis-moi ce que tu achètes...*, Montréal, Liber, 2005.

20. R. L'Écuyer, *op. cit.*, p. 216.

responsabilités (parent, conjoint, etc.) que ces adultes jouent et remplissent désormais[21] ».

L'importance du *soi personnel* est donc centrale, comme celle de la sous-structure *image de soi*, attribuable aux catégories *qualités et défauts*, *sentiments et émotions*, et *goûts et intérêts*. Cela recoupe l'opinion de Lipovetsky selon laquelle la consommation émotionnelle ou expérientielle constitue une évolution de la troisième phase de la consommation[22]. Les catégories du soi étant d'importance centrale pour les personnes qui traversent la phase de la polyvalence du soi, cela explique pourquoi, dans les années 1980, la consommation est devenue émotionnelle ou expérientielle.

Si Lipovetsky englobe dans ce qu'il appelle la troisième phase de la consommation toute la période qui s'étend des années 1980 à nos jours, je crois utile de raffiner un peu cette typologie. À mon avis, chacune des décennies a des caractéristiques propres et mérite d'être analysée séparément.

Les années 1980

Retenons deux éléments qui ont marqué mondialement la société des années 1980 : le microordinateur et la carte de crédit. Au début de cette époque, la naissance du microordinateur est sans conteste l'événement le plus marquant, car il a révolutionné notre monde. Même si les années 1970 avait vu apparaître l'Alto de Xerox, les Apple I et II, le TRS-80 de RadioShack, le PET (Personal Electronic Transactor) de Commodore, le Atari et d'autres appareils de marques moins connues, ces ancêtres du microordinateur moderne ont surtout été à l'origine des objets de curiosité pour des passionnés d'informa-

21. *Ibid.*, p. 221.
22. G. Lipovetsky, *op. cit.*, chap. 2.

tique, des jeux vidéos rudimentaires (selon les normes d'aujourd'hui) ou, au mieux, des outils de recherche ou d'aide à l'enseignement dans les écoles très branchées. Ce n'est qu'en 1981 qu'est apparu le tout premier ordinateur personnel, le fameux PC (Personal Computer) d'IBM. Fonctionnant grâce au système d'exploitation PC DOS (Disk Operating System), dont la licence a été obtenue d'une obscure compagnie (Microsoft), dirigée par un non moins obscur gestionnaire (Bill Gates).

Le DOS est assez aride; son utilisation requiert l'apprentissage de commandes parfois complexes entrées à l'aide du clavier. En 1984, pour rendre l'usage du microordinateur plus convivial, Apple met sur le marché le Macintosh, dont l'utilisation fait appel à une interface graphique (GUI) activée à l'aide d'un dispositif de pointage baptisé « souris ». Le lancement est soutenu par une publicité révolutionnaire, dévoilée à l'occasion du Super Bowl; intitulée «1984», elle présente le Macintosh comme un outil libérateur du « Big Brother » décrit dans le roman *1984*, de George Orwell, publié en 1949. Son originalité en a fait un grand classique de la publicité, encore fréquemment cité de nos jours. Si la publicité est révolutionnaire, le concept l'est tout autant; il permet à des personnes peu enclines à faire un long apprentissage d'utiliser facilement un ordinateur personnel. D'ailleurs, en réponse à cette menace, Microsoft introduira un concept similaire, bien que moins évolué dans ses premières versions, dès 1985. Bien des gens se demandent comment il se fait que le PC ait connu une croissance foudroyante alors que le Macintosh, pourtant supérieur technologiquement et plus facile à utiliser, est resté longtemps dans son ombre.

Deux raisons expliquent ce phénomène. La formidable machine de marketing d'IBM n'est pas, à mon avis, le facteur le plus important, mais a quand même contribué à populariser le PC, surtout dans la communauté d'affaires ; une fois habitués à utiliser la technologie au travail, les gens ont voulu l'avoir chez eux. C'est plutôt la technologie « ouverte » du PC qui lui a permis de prendre si rapidement de l'expansion. Celle du Macintosh étant brevetée, personne n'a pu produire des clones de cet appareil, alors qu'une multitude de fabricants, Compaq en tête, ont mis sur le marché des microordinateurs compatibles avec le PC d'IBM, fonctionnant avec MS-DOS (DOS de Microsoft) plutôt que PC DOS (DOS d'IBM). Cela a eu pour effet d'encourager un très grand nombre de concepteurs de produire toutes sortes de logiciels pour le PC et ses clones. À l'origine, le Macintosh est resté cantonné dans des applications très pointues, comme le design graphique.

De toute évidence, le microordinateur a transformé nos façons de travailler et même nos vies personnelles ; ce qui est moins évident pour certains, c'est l'effet qu'il a eu sur l'espace personnel. En fait, les technologies, pensons au PC fixe, ou mieux encore portable, au téléphone, de maison ou mobile, au magnétoscope, etc., rendent l'individu plus libre, plus autonome. Cela a accru la tendance à l'individualisme, déjà naissante dans les années 1970 : « Ironie de l'histoire — comme il y en a tant ! — alors que les leaders des contestations de mai 1968 prônaient une société sans classes, égalitaire, collective, au risque qu'elle en devienne fusionnelle, les ruptures de cette époque débouchèrent sur une société de plus en plus individualiste. Les digues du contrôle social, qui encorsetaient l'individu, abattues, pouvaient s'exprimer des aspirations totalement différenciées, puissant moteur de la relance de la consommation qui fonctionna globalement assez bien pendant les deux décennies 70 et 80. Les marchés de biens durables échappèrent ainsi à la saturation, puisque ces années d'individualisme eurent comme moteur le dépassement de l'équipement semi-collectif — celui du ménage — par la mise en place progressive d'un équipement de chaque personne qui compose l'unité familiale[23]. »

Prenons par exemple le téléphone portable. Il permet à son utilisateur d'être plus mobile, plus libre ; d'ailleurs, en 1994, Bell Mobilité a utilisé une publicité télévisée intitulée « Comme l'air », un clin d'œil à l'expression « Libre comme l'air ». Sans jamais montrer un seul téléphone, on y évoquait la liberté avec toutes sortes de scènes d'action, en delta-plane ou en motocyclette par exemple, ou d'autres symboles comme l'avion ou même une jonque chinoise. C'est le niveau le plus élémentaire de liberté, pouvoir bouger. À un second niveau, la technologie développe une forme un peu plus poussée d'individualisme, l'égoïsme ; plus besoin de partager son téléphone avec les autres membres de la famille, chacun a le sien et, qui plus est, chacun ne reçoit que ses propres appels, car le numéro est individualisé. Finalement, on peut constater un troisième niveau de liberté, un peu plus pernicieux cette fois, celui de couper les communications personnelles face à face, isolant ainsi encore un peu plus l'individu. Un peu plus d'une décennie plus tard, le mail, ou courrier électronique, aura le même effet.

Tout comme la télévision à l'époque précédente, le microordinateur, le téléphone portable et d'autres technologies ont à la fois été des objets de consommation et des instruments qui ont favorisé l'explosion de la société de consommation. Centré sur lui-même, l'individu recherche son plaisir, même si, comme je l'ai dit, certains ont le souci de leur famille, un élément important du soi (« ma » famille). L'homme ludique est à la recherche perpétuelle du plaisir ; on voit se renforcer la tendance hédoniste amorcée dans la décennie précédente. Pour satisfaire cet hédonisme en même temps que le désir de briller *devant* les autres, quoi de mieux que des

23. R. Rochefort, *op. cit.*, p. 30.

produits facilement identifiables grâce à un logo ; c'est la naissance du *branding*, un modèle d'affaires implanté dans les années 1980. C'est le logo, par exemple le *swoosh* de Nike, qui permet d'associer la marque à un style de vie, personnalisé par une vedette, le plus souvent un sportif ou un acteur renommé, par exemple Claudia Schiffer pour les produits L'Oréal. Dès lors, le produit s'efface derrière le symbolisme de la marque ; on achète une image de jeunesse ou de succès plutôt qu'un vêtement ou un cosmétique. Tommy Hilfiger est un excellent exemple d'une marque qui se veut jeune ; ses produits font appel à des designs et à des coloris audacieux, et ses publicités mettent en scène de jeunes mannequins souvent présentés dans des activités sportives.

Tout cela est bel et bon, mais pour acquérir tous ces symboles il faut de l'argent… que nous n'avons pas toujours. Qu'à cela ne tienne, le *crédit* est là pour me permettre de satisfaire tout de suite mon envie et de payer plus tard. Même si « l'utilisation des cartes de crédit naît aux États-Unis dans les années 1920, lorsque des entreprises, comme les pétrolières et les hôtels, commencent à les émettre à leurs clients[24] », les cartes de crédit que l'on connaît aujourd'hui ne font leur apparition que dans les années 1950 ; leur usage prendra vraiment un essor considérable dans les années 1980.

Ainsi, la carte Diners Club, très sélecte à une certaine époque, a fait son apparition en 1950. Voici une anecdote amusante au sujet de sa naissance : « Nous sommes en 1949. L'homme d'affaires Frank McNamara prévoit un dîner au Major Cabin Grill, un restaurant de la ville de New York. Le dîner achevé, Frank réalise qu'il a laissé son portefeuille dans son autre complet. Son épouse vient à sa rescousse et paye. Il prend

24. Site de l'*Encyclopedia Britannica*, consulté le 29 juin 2007, < http://www.britannica.com/eb/article-9026818/credit-card >.

la décision de ne plus jamais faire face à cet embarras. Février 1950. McNamara et son partenaire Ralph Schneider retournent au Major Cabin Grill. Lorsque l'addition arrive, McNamara présente un petit papier cartonné, une Carte Diners Club, et signe pour l'achat. Dans l'industrie de la carte de crédit, cet événement est connu sous le nom de First Supper (premier dîner)[25]. »

La carte American Express et la BankAmericard, maintenant mieux connue sous le nom de Visa, font toutes deux leur apparition en 1958. À l'époque, Diners Club et American Express étaient des cartes de facturation plutôt que de véritables cartes de crédit, car le client devait en acquitter le solde dès la réception du relevé mensuel. Elles ont conservé ce mode de fonctionnement jusque dans les années 1980. BankAmericard est donc la première véritable carte de crédit grand public ; MasterCard a suivi en 1966.

Jusqu'alors, la petite carte plastifiée était utilisée pour la commodité qu'elle offrait de payer tous les achats en une seule fois à la fin du mois, reportant ainsi le paiement d'un article acheté au début du cycle d'un maximum de cinquante-six jours sans intérêt ni pénalité. À compter de ce moment, un grand nombre de personnes ont commencé à reporter le paiement du solde, acquittant seulement le paiement minimum exigible par l'institution financière, correspondant à un faible pourcentage du solde impayé, par exemple 3 %, avec un minimum, par exemple dix dollars. Certaines personnes ont rapidement pris l'habitude d'utiliser leur carte jusqu'au maximum de la limite permise… puis d'en demander une nouvelle auprès d'un autre émetteur. Ce petit manège leur a permis de satisfaire rapidement toutes leurs envies,

25. Site de Diners Club, consulté le 29 juin 2007 : < http://www.dinersclubcanada.com/dce_content/aboutdinersclub/company history >.

sans égard à leur revenu disponible véritable, mais les a conduites tout aussi rapidement à un endettement bien au-delà de leur capacité de rembourser : « Le niveau d'endettement, mesuré par le ratio de la dette totale au revenu disponible, était presque le même pour les Canadiens et les Américains au début des années 1980. Par la suite, il a évolué différemment, les Américains affichant un niveau d'endettement plus élevé entre 1983 et 1991, et les Canadiens entre 1992 et 2000. À partir de 2001, la dette a constamment augmenté dans les deux pays, et en 2002, elle dépassait le revenu disponible. En 2005, pour chaque dollar de revenu disponible, les Canadiens devaient 1,16 $ et les Américains, 1,24 $. Une part de la hausse de l'endettement entre 2001 et 2005 peut être attribuée aux taux d'intérêts relativement faibles, à la plus grande accessibilité du crédit grâce aux prêts sur l'avoir propre immobilier, et aux limites et incitatifs accrus des cartes de crédit délivrées par des institutions financières en concurrence[26]. » Aux fins de comparaison, en 1980, le ratio dette / revenu était de moins de 0,70 dans les deux pays.

Certains diront que le crédit à la consommation ne représente pas la part la plus importante de la dette totale ; c'est exact. Au Canada, en 2005, ce type de crédit représentait environ le tiers de la dette d'un ménage, le crédit hypothécaire comptant pour les deux tiers. Cependant, l'endettement excessif des ménages est malgré tout préoccupant pour trois raisons. Premièrement, peu importe sa nature, une dette est une obligation financière qui génère des intérêts importants ; le capital doit un jour être remboursé et l'intérêt sur le capital gruge une partie non négligeable du revenu. Deuxièmement, toujours en

26. Site de Statistique Canada, consulté le 1er juillet 2007 : < http://www.statcan.ca/francais/freepub/75-001-XIF/comm/fact-11_f.htm >.

2005, alors qu'au Canada le crédit à la consommation représente 38 % des dépenses personnelles, aux États-Unis cette proportion n'est que d'environ 27 %. Troisièmement, cette augmentation du crédit à la consommation se fait au détriment de l'épargne, ce qui compromet l'avenir. Dans un communiqué de l'Institut de la statistique du Québec, portant sur le premier trimestre 2005, on peut lire: « De plus, l'épargne personnelle devient négative au premier trimestre, et ce, pour la première fois dans les Comptes trimestriels, qui remontent à 1981. Le taux d'épargne s'établit à 1,7 %; le même phénomène est observable au Canada, car le taux correspondant s'établit à 0,6 %. L'interprétation économique de cette épargne négative est que le revenu courant des ménages n'a pas été suffisant pour financer entièrement leurs dépenses courantes. En conséquence, les ménages ont dû soit puiser collectivement dans leur stock d'épargne accumulée, soit augmenter leur endettement, soit encore combiner les deux possibilités[27]. »

Sous la poussée des tendances sociales et des technologies, les gens deviennent de plus en plus individualistes. Un besoin narcissique les fait se tourner vers les marques qui leur permettent de briller à leurs yeux propres et à ceux des autres. Pour satisfaire leurs envies, ils commencent à utiliser en masse les cartes de crédit, ce qui amorce une spirale d'endettement. Voici maintenant la direction que prend la décennie suivante.

Les années 1990

Vers la fin des années 1980, les États-Unis et ses plus proches partenaires entrent dans un cycle économique

27. Site de l'Institut de la statistique du Québec, consulté le 2 juillet 2007 : < http://www.stat.gouv.qc.ca/salle-presse/communiq/2005/juin/juin0528b.htm >.

de récession, inauguré par un krach boursier mieux connu sous le nom de Black Monday (lundi noir); en effet, le 19 octobre 1987, le Dow Jones enregistre la plus importante perte de son histoire, soit 22,6 %, correspondant à cinq cents milliards. À Toronto, l'indice TSE 300 chute de 11,3 %, une perte de 37 milliards. Malgré une reprise fragile, la récession se manifeste à nouveau en 1990. En France, les choses se passent un peu différemment; jusqu'en 1990, l'économie s'y porte raisonnablement bien, la consommation aussi, malgré les inquiétudes de la population, entre autres vis-à-vis du taux de chômage croissant[28]. Les problèmes économiques ne se résorberont pas avant 1993 aux États-Unis, un peu plus tard en France et au Canada. Au début des années 1990, l'humeur n'est donc pas à la fête, ce qui se traduit par un ralentissement brutal de la consommation.

Puis, le 2 août 1990, survient un événement majeur, d'envergure internationale, qui vient exacerber les peurs, en France comme ailleurs: afin de s'en approprier les richesses, l'Irak envahit le Koweït. Il s'ensuit la première guerre du Golfe. Les peurs individuelles et collectives entraînent également une réorientation de la consommation: « Assailli par des inquiétudes de toutes sortes, l'individu cherche dorénavant à être rassuré[29]. » C'est la naissance de la consommation de « rassurance », comme l'appelle Robert Rochefort. Les produits qui gagnent la faveur populaire sont ceux qui dissipent les craintes d'une population dont un segment est vieillissant et un autre composé de *baby-boomers*, dont certains approchent la cinquantaine.

Gilles Lipovetsky abonde dans le même sens que Rochefort: «*Homo consumericus* est de plus en plus tourné

28. R. Rochefort, *op. cit.*, p. 100-101.
29. *Ibid.*, p. 127.

vers *Homo sanitas* : consultations médicaments, analyses, traitements, toutes ces consommations donnent lieu à un processus d'emballement qui ne semble pas avoir de terme[30]. » N'allez surtout pas croire qu'une demande accrue des biens et services de santé de première ligne soit la seule manifestation de cette tendance. On note une évolution « santé » dans quantité d'autres produits : aliments naturels, suppléments de vitamines, de minéraux, d'huiles essentielles, d'oligo-éléments, médecines douces et holistiques telles l'acupuncture, la massothérapie, l'homéopathie et bien d'autres, habitat et tourisme santé, etc. Jusqu'aux cosmétiques qui se mêlent de santé, promettant la disparition des rides ou de la cellulite, une peau d'apparence plus jeune quand ce n'est pas carrément une cure de jouvence. Même si l'efficacité de plusieurs biens et services proposés est indéniable, quantité de charlatans abusent de la crédulité de consommateurs vulnérables ; on se croirait revenu à l'époque de la réclame dont parlait Marcel Bleustein-Blanchet. Qu'est-ce qui se cache derrière tout ça ? La peur de la déchéance et de la mort, bien sûr, et le désir de rester jeune et en santé éternellement. Puisque la consommation permet de satisfaire tous les désirs, pourquoi ne pourrait-elle pas assouvir également celui-là ?

Dans le prolongement de la santé, on trouve l'écologie, « la principale valeur collective de cette fin de siècle considérée à tort comme n'en ayant plus aucune et ses répercussions en termes de consommation seront considérables[31] ». L'écologie, c'est une préoccupation complexe : c'est avant tout la santé de la planète et par conséquent notre santé, c'est aussi nos interrelations avec l'environnement, avec nos proches et avec les autres habitants d'une planète qui nous semble de plus en plus

30. G. Lipovetsky, *op. cit.*, p. 49.
31. R. Rochefort, *op. cit.*, p. 159.

petite, c'est enfin la mondialisation et ses effets sur la nature. C'est l'émergence du *consommateur réfléchi*, soucieux de réduire sa consommation, d'avoir davantage de temps à consacrer à ses proches, plus exigeant vis-à-vis des produits qu'il achète et attentif aux enjeux sociétaux. Aux produits déjà cités, directement liés à la santé, s'ajoutent les produits équitables et ceux issus de la culture biologique, les appareils dont la consommation en énergie est moindre ou qui utilisent des sources d'énergie moins polluantes et si possible renouvelables, etc. Déjà, on assiste à la montée d'une forme de luxe, car les produits que je viens de mentionner étaient, à cette époque, plus chers. Par ailleurs, de les utiliser est, pour certains, une façon de se distinguer, une réponse au simple port de marques qui, de toute façon, sont en train de se démocratiser.

Pour les manufacturiers et les commerçants, le ralentissement de la consommation se traduit par une perte substantielle de revenus et de profits. Puisque le volume n'y est plus, que faire pour redonner aux propriétaires et aux actionnaires les profits qu'ils réclament à grands cris ? L'augmentation de la marge de profit unitaire est la solution rêvée ; on vendra une quantité moindre, mais on fera autant de profit qu'avant. Cibler le haut de gamme est la solution. Nous y reviendrons. Pour l'instant, étudions deux éléments qui ont marqué la dernière décennie du vingtième siècle : l'internet et la virtualité.

Tout comme le microordinateur est une évolution des ordinateurs de grande puissance, internet est une évolution des réseaux de communication qui permettaient l'échange entre ces ordinateurs, entre autres ceux de la défense aux États-Unis. Fondé principalement sur l'utilisation du protocole TCP / IP, une combinaison des deux protocoles utilisés à l'origine, TCP (Transmission Control Protocol) et IP (Internet Protocol), ses origines remontent aux années 1980, alors qu'il reliait des centres de recherche et des universités, permettant l'échange de données et de messages. Ce n'est que dans les années 1990 que le grand public y a eu accès; encore là, son utilisation était limitée à l'échange de messages abrégés et au téléchargement de fichiers, entre autres des mises à jour de logiciels. C'est l'arrivée des fureteurs (*browsers*) qui a véritablement donné jour à l'internet que nous connaissons aujourd'hui, fréquenté chaque jour par des millions de personnes à travers le monde. Même si d'autres ont vu le jour avant lui, c'est vraiment Netscape Navigator qui a mis en branle la révolution internet. Une évolution de Mosaic mis au point au National Center for Supercomputing Applications (NCSA), Netscape Navigator a été lancé sur le marché en 1994. Ce fut un succès immédiat et ce logiciel sera la référence jusqu'à la fin des années 1990; il sera par la suite supplanté par Internet Explorer introduit pour la première fois par Microsoft en 1995 lors du lancement du système d'exploitation Windows95. L'avantage d'Internet Explorer est de faire partie intégrante du système d'exploitation; cette caractéristique est même un élément de la poursuite antitrust intentée par le département américain de la Justice contre Microsoft.

La révolution internet vient s'ajouter à celle de l'ordinateur personnel; comme nous l'avons fait pour celui-ci, laissons de côté ses effets les plus évidents sur le monde des affaires et la vie de tous les jours, liés à ses caractéristiques et ses usages. Retenons plutôt les conséquences, moins évidentes, mais non moins importantes, sur l'espace personnel et public. Comme l'ordinateur personnel et d'autres technologies avant lui, le réseau internet a exacerbé la tendance à l'individualisme; d'individualistes, les gens sont devenus égoïstes. N'est-ce pas un paradoxe que cela soit contemporain de préoccupations écologiques et sociétales? Comme le disait Rochefort, c'est une autre ironie dont l'histoire est truffée. Il ne faut pas non plus oublier que les grands mouvements de pensée peuvent devenir des modes et, à ce titre, qu'il peut être de bon ton pour des gens d'affirmer en être des partisans simplement pour se donner une image à la page. Du reste, le fait qu'internet soit un média interactif et en temps réel a fortement contribué à la montée de l'écologisme, en permettant à tout un chacun de diffuser à la planète entière des informations concernant les malversations de certaines entreprises, lesquelles seraient autrement demeurées cachées. Mais, on peut très bien se préoccuper, en paroles, du sort des personnes exploitées dans des pays lointains et exiger le respect intégral du symbole qu'est devenu le protocole de Kyoto, mais être foncièrement égoïste dans sa vie personnelle et sa consommation. Oui, certes, le *consommateur réfléchi* existe bel et bien ; cependant, même en 2007 il est toujours minoritaire.

Un autre effet important d'internet a été d'habituer les gens à l'instantanéité ; bien sûr, comme je viens de le dire, il a permis une diffusion immédiate et à large échelle de l'information, mais il a changé notre relation au temps.

Les années 2000

La première décennie du vingt et unième siècle a été jusqu'ici riche en événements marquants qui n'ont rien fait pour calmer les craintes, des deux côtés de l'Atlantique : migration de la production vers la Chine, l'Inde et les anciens pays du bloc communiste, approvisionnement en pétrole menacé et hausse vertigineuse de son prix. Sous l'angle de l'impact sur l'imaginaire collectif, l'attentat du World Trade Center, le 11 septembre 2001, est sans contredit l'événement le plus spectaculaire à survenir depuis le largage de la première bombe atomique sur la ville d'Hiroshima le 6 août 1945. S'ensuit en 2003 la seconde guerre du Golfe.

Sous l'angle de la consommation, le choc des attentats et de la guerre entraîne différentes réactions. Je limiterai mon analyse aux deux principales : l'obsession de la santé et l'hyperconsommation. Côté santé, ce qui était une préoccupation dans les années 1990 devient une obsession dans la première décennie du nouveau siècle ; après l'*Homo sanitas*, l'*Homo medicus*[32]. Bien sûr, les attentats et la guerre ne sont pas les causes principales de ce phénomène ; ce sont néanmoins des catalyseurs. Les deux facteurs principaux sont le vieillissement de la population et la surinformation. Les *baby-boomers* ont vieilli de dix ans ; les premiers ont maintenant cinquante-cinq ans. C'est souvent à cet âge qu'apparaissent quelques petits bobos et que plusieurs prennent conscience du fait qu'ils n'ont plus la résistance qu'ils avaient et qu'ils vieillissent. La Financière, une division de la London Life, offre même un programme d'assurance-vie qui porte le nom de Liberté 55, preuve qu'à cette étape de la vie l'heure de la retraite a sonné pour certains, symbole par excellence de vieillissement s'il en est un. Le second facteur est celui de la surinformation concernant la santé, que les gens reçoivent des médias ou des professionnels de la santé, toutes formes de médecine confondues, traditionnelles ou non. Les plus curieux, ou les plus hypocondriaques, peuvent même faire leur propre diagnostic en utilisant les nombreux sites accessibles sur internet. Les années 2000 sont jusqu'à présent un âge de médicalisation : « Spirale des comportements préventifs, inflation des demandes de soin, fuite en avant des dépenses de santé[33]. »

Le Québec et d'autres provinces canadiennes et de nombreux pays sont aux prises avec une détérioration de l'accès aux soins de santé, surtout dans les urgences, et à une explosion des dépenses dans ce secteur depuis plus d'une décennie ; plusieurs cherchent dans les déficiences du système les causes profondes de ces phénomènes. Le

32. G. Lipovetsky, *op. cit.*, p. 49.
33. *Ibid.*

système a sans doute des lacunes qu'il faut corriger, mais il ne fait pas de doute qu'une partie du problème réside dans les attitudes et les habitudes de consommation en matière de santé et qu'une modification de celles-ci doit faire partie de la solution. Cela est vrai autant pour les patients que pour certains professionnels qui prescrivent de façon exagérée examens, bilans et médicaments.

Le luxe prend plus que jamais une place prépondérante en santé. Le *Yar Tsa Gumba* est un excellent exemple de cette tendance. *Yar Tsa Gumba* est le nom tibétain du *Cordyceps sinensi*, un champignon issu d'une chenille, d'où son nom anglais de *caterpillar mushroom*, auquel on prête toutes les vertus: « On pense que le *Cordyceps* est un aphrodisiaque, un traitement pour l'infertilité. Le *New York Journal of Medicine* a signalé que l'espèce a des propriétés semblables à celles du ginseng. On le croit que 5 grammes de *Cordyceps* sont équivalents à 50 grammes de Panax Ginseng ! Yar Tsa Gumba a traditionnellement été employé en Chine pour traiter également le mal de dos et l'anémie. Il est spécifiquement employé pour la fatigue excessive, la toux chronique, l'asthme, pour régénérer la moelle osseuse et pour réduire le flegme excessif. Des études cliniques en Chine indiquent que le champignon peut améliorer le fonctionnement du foie, réduire le cholestérol, ajuster le métabolisme des protéines, améliorer les fonctions immunitaires, inhiber la croissance du carcinome du poumon et avoir une valeur thérapeutique dans le traitement des troubles du vieillissement[34]. » Sa popularité est telle que le prix du produit original, provenant du Népal, atteint maintenant des sommets vertigineux — qui peuvent dépasser les 1 500 dollars le kilo ! On peut véritablement parler de

34. Site Down To Earth, consulté le 6 juillet 2007 : <http://www.downtoearth.org.in/full6.asp?foldername=20031015&filename=news&sec_id=50&sid=24>.

luxe ; mais ce n'est quand même pas cher payer pour s'assurer l'immortalité !

Hyperconsommation et luxe

Les années 2000 voient le retour du culte de la jeunesse attribuable aux *echo-boomers*, les enfants des *baby-boomers* : « Nés entre 1982 et 1995, ils sont presque 80 millions, et ils ont déjà un impact énorme sur des segments entiers de l'économie. Et avec le vieillissement de la population, ils seront la prochaine génération dominante d'Américains[35]. » Aux États-Unis, en 2005, ils dépensaient déjà cent soixante-dix milliards, fruit de leur travail ou largesse de leurs parents. Déjà dans leur prime enfance, ils avaient été habitués à une vie confortable, voire aisée, parfois même luxueuse : voyages à l'étranger en bas âge, vêtements griffés, activités de loisir, sportives et culturelles, variées, encadrées par les meilleurs entraîneurs, etc. Ils entretiennent une relation détachée avec l'argent, entre autres justement parce que leurs parents les ont comblés et que pour eux le fait d'avoir de l'argent est tenu pour acquis. Nés avec un ordinateur entre les mains, ils sont habitués à la vitesse, voire à l'instantanéité ; tout se passe ici et maintenant. Certes désireux de travailler en équipe, ils veulent quand même voir leurs mérites personnels reconnus, et très rapidement. Ils veulent donc eux aussi briller, à leurs propres yeux et à ceux des autres. Il n'est pas étonnant qu'ils soient devenus aujourd'hui des hyperconsommateurs.

Ils ne sont pas les seuls chez qui se manifeste ce phénomène d'hyperconsommation. On assiste à une généralisation de l'hédonisme, en particulier dans les loisirs, dans tous les groupes d'âge, sauf chez les aînés qui

---

35. Site de CBS News, consulté le 6 juillet 2007 : <http://www.cbsnews.com/stories/2004/10/01/60minutes/main646890.shtml>.

ne disposent malheureusement pas des revenus nécessaires : « Rien n'illustre mieux la dimension hédonistique de la consommation que le rôle croissant des loisirs dans nos sociétés[36]. » Les loisirs occupent maintenant une place prépondérante dans notre vie. Il n'est pas rare de voir des gens voyager deux parfois même trois fois par année. Même les étudiants se paient des vacances à l'étranger, quitte à utiliser leurs bourses d'études pour le faire. L'offre touristique est conçue pour faire vivre des sensations nouvelles ; orientée de plus en plus vers le luxe, elle veut permettre au touriste d'avoir l'illusion, le temps d'un week-end ou de quelques semaines, qu'il est Rockefeller en personne.

Partout, on constate une montée du luxe : véhicules, centres de villégiature, maisons, condos, vêtements, bijoux, produits de soin personnel, produits alimentaires, etc. Pour s'en convaincre, il suffit de scruter les publicités et les descriptions de produits : l'orientation haut de gamme que l'on donne aux biens et services est claire, et les allusions au luxe innombrables. Dans les nouveaux centres commerciaux, les décors sont recherchés, et on y trouve cafés, terrasses, restaurants, cinémas ; ce ne sont plus des lieux d'achat, ce sont des lieux de plaisir. Le temps d'un instant fugace, on peut côtoyer un luxe autrefois réservé à l'élite. On veut être différent et on exprime sa différence à travers une consommation de biens et services de luxe ou présentant des caractéristiques traditionnellement réservées aux produits de luxe. Aux yeux de beaucoup de nos contemporains, seul le luxe permet désormais de se distinguer.

Revenons d'ailleurs à cet égard à la carte de crédit. De la carte « normale » des débuts, on est ensuite passé à la carte « Or », qui confère à son détenteur des privilèges particuliers, notamment une marge de crédit plus élevée.

---

36. G. Lipovetsky, *op. cit.*, p. 56.

On passe maintenant à la carte « Platine », encore plus prestigieuse et dont la limite de crédit frôle parfois le ridicule. Ceux dont la cote de crédit est excellente voient leur limite augmentée de mois en mois, sans qu'ils aient à le demander, jusqu'à atteindre plusieurs dizaines de milliers de dollars. Non contentes de voir les gens y porter leurs achats, plusieurs sociétés émettrices incluent maintenant des chèques avec le relevé mensuel pour inviter leurs membres à se servir de leur compte au même titre qu'un compte chèque.

Nous avons vu le potentiel commercial incroyable que représentent les jeunes. Afin de leur permettre d'exercer de plus en plus tôt leurs prérogatives de consommateurs, MasterCard propose maintenant aux parents de confier à leur progéniture une carte prépayée; elle ressemble à une carte de crédit, mais n'en est pas une. Elle est offerte par plusieurs sociétés émettrices, parfois en collaboration avec des partenaires exerçant un fort pouvoir d'attraction sur les jeunes, par exemple le bien connu site web MuchMusic. C'est en fait un retour à la carte de paiement, ancêtre de la carte de crédit, mais à l'avantage des sociétés émettrices, puisque la carte de paiement était une carte de courtoisie permettant de différer à la fin du mois le paiement de tous les achats, alors que la carte prépayée fait payer à l'avance le client, sans même lui verser d'intérêt. Ces cartes sont cependant pratiques pour les jeunes et les moins jeunes, car leur faible solde diminue le risque des achats en ligne. Elles sont également commodes pour les parents, permettant de donner une certaine autonomie à un jeune sur ses achats... mais encourage celui-ci à consommer.

Nous venons de voir comment le luxe a pu envahir nos vies.

CHAPITRE 2
La production et le commerce du luxe

La société de consommation nous a menés de la satisfaction de l'essentiel à la recherche du confort. Elle s'est ensuite orientée vers la construction et la préservation de l'image de soi, devant les autres d'abord, puis pour soi-même. La recherche hédoniste s'est accentuée jusqu'à la consommation émotionnelle. Le luxe semble être une autre étape dans la progression de la consommation. Il vient ainsi s'ajouter à l'ensemble du processus qui a mené à l'hyperconsommation générale contemporaine.

Dans ce processus, le luxe s'est démocratisé, non seulement en ce sens où tout le monde en veut une part, mais avant tout au sens où quantité de biens et de services courants comportent de plus en plus de caractéristiques de luxe. Il y a à cela deux facteurs principaux. Le premier est la recherche effrénée de la distinction — définition de son identité —, exacerbation du besoin de construire et de défendre son image. On peut dire à cet égard qu'il y a eu une inflation des symboles. Le second facteur est la soif toujours plus grande, insatiable, de profits, de certains investisseurs, à l'époque du capitalisme financier. Dans les années 1990, frappées de plein fouet par des crises économiques, de nombreuses entreprises ont vu fondre ventes et profits comme neige au soleil ; pressés par leurs actionnaires non seulement de retrouver la voie de la prospérité, de maintenir un niveau de rentabilité essentiel pour toute entreprise, mais qui plus est d'augmenter année après année le pourcentage des profits par rapport aux ventes et à l'actif, les gestionnaires ont vu dans le luxe une bouée de sauvetage. Le principe est simple : vendre une quantité moindre, donc à moindres frais, de produits plus luxueux, sur lesquels on réalise une marge de profit unitaire beaucoup plus élevée. D'autres entrepreneurs, devant la montée du désir de luxe et déterminés à s'enrichir rapidement, ont démarré de nouvelles entreprises fondées sur l'offre de produits de luxe, subjugués par la conquête de marchés illusoires. De nos jours, l'invasion du luxe est attribuable à cette conjoncture de facteurs, et ce sont avant tout les commerçants et les fabricants qui en sont responsables. C'est l'offre qui, aujourd'hui, fait naître une demande sans cesse relancée. Nous nous tournons donc ici du côté des entreprises, là où prend naissance la société d'hyperconsommation.

La course aux profits

Il ne s'agit pas de critiquer ici notre système capitaliste de libre entreprise en son principe. Dans l'état actuel des choses, c'est le meilleur modèle que nous ayons ; on peut cependant l'améliorer. C'est un élément de l'appareil financier qui fait problème, la recherche acharnée du gain rapide de certains investisseurs, qui exploitent sans vergogne un mécanisme de spéculation sur la valeur des actions. En effet, le prix d'une action est entre autres lié aux profits d'une entreprise et l'appétit des grands investisseurs à cet égard est à tout le moins vorace ; leurs exigences ont force de loi. Puisque les opérations de toutes les grandes entreprises reposent sur un financement

« public », elles sont toutes sujettes à ces pressions. Là encore, il ne s'agit pas de critiquer le capitalisme ni le système boursier dans son ensemble. Ce mode de financement est nécessaire au fonctionnement et à la croissance des entreprises ; il a permis à nos sociétés de se développer et de progresser. Ce qu'il faut condamner, c'est l'avarice, la cupidité, la rapacité de quelques-uns, qui se manifestent par une spéculation outrancière. La crise financière que tous les pays ont vécue en août 2007 est attribuable à la spéculation sur des prêts à haut risque consentis par certaines sociétés aux États-Unis. C'est la spéculation qui, directement ou indirectement, est responsable de certaines, je n'ose pas dire toutes, des grandes crises qu'a connues l'humanité et de la mauvaise réputation qu'on a faite au capitalisme : « Plus tard, et plus destructrices pour la réputation du capitalisme aux États-Unis, on a eu la spéculation immobilière visiblement aberrante en Floride, la montée de l'influence corporative et industrielle et, la plus importante, l'explosion du marché boursier de la fin des années 1920. Sont alors survenus le krach de 1929 qui a retenti à travers le monde puis, pendant dix longues années, la grande dépression[1]. »

Bref, pour satisfaire les exigences de profit des spéculateurs boursiers, un grand nombre d'entreprises sont tentées par le luxe et le haut de gamme ; la vente de luxe leur permet d'exploiter au maximum une « loi » économique soi-disant immuable, celle de l'offre et de la demande, qui justifie l'augmentation du prix. Selon la théorie de l'économie de marché, nous les consommateurs sommes souverains, libres de satisfaire, ou non, des besoins réputés innés, d'acheter, ou non, les produits qui nous sont proposés. Voilà la fable que l'on tente de nous faire avaler : « La croyance dans une économie de marché

1. K. Galbraith, *The Economics of Innocent Fraud*, Boston, Houghton Mifflin Company, 2004, p. 5 et 6.

où le consommateur est souverain est une de nos plus dominantes formes de fraude[2]. » La vérité est tout autre !

Arrêtons-nous à la théorie de l'offre et de la demande. La théorie économique traditionnelle représente la demande comme une courbe descendante, la quantité demandée étant inversement proportionnelle au prix exigé par le fournisseur : « Quand le prix d'un bien augmente, j'essaie naturellement de lui substituer d'autres marchandises (du seigle au blé ou du thé au café par exemple). En outre, quand un prix monte, je me retrouve en fait plus pauvre que j'étais ; et je réduirai naturellement ma consommation de la plupart des biens courants quand je me sens plus pauvre et dispose d'un revenu réel moindre[3]. »

L'offre, elle, est décrite sous la forme d'une seconde courbe, ascendante cette fois, la quantité que les fournisseurs sont disposés à offrir étant directement proportionnelle au prix que le marché est prêt à payer. Pour illustrer ce raisonnement, prenons le cas de deux produits, le blé et le vin : « À un prix plus élevé du blé, les fermiers retireront des acres de culture de maïs et les consacreront à celle du blé. En outre, chacun peut maintenant se permettre de l'engrais, de la main-d'œuvre, de la machinerie additionnels, et même oser cultiver du blé supplémentaire sur une terre plus pauvre. Tout cela tend à augmenter le rendement aux prix plus élevés offerts [...]. Si la société veut plus de vin, de plus en plus de main-d'œuvre devra être ajoutée aux mêmes emplacements limités sur les collines appropriées à la culture de raisins à vin. Même si cette industrie est trop petite pour affecter le salaire horaire général de la main-d'œuvre, chaque

2. *Ibid.*, p. 14. Pour une critique de la théorie des besoins voir B. Duguay, *Consommation et image de soi*, Montréal, Liber, 2005, p. 41 et suiv.

3. P. A. Samuelson et A. Scott, *Economics*, New York, McGraw-Hill Ryerson, 1975 (4e éd. can.), p. 66.

nouvel employé ajoutera — selon la loi des rendements décroissants — de moins en moins de produits additionnels; et par conséquent, le coût requis pour produire des biens supplémentaires devra augmenter[4]. »

En combinant les deux concepts, la « loi » de l'offre et de la demande stipule que la quantité d'un produit demandée par le marché et celle que les fournisseurs sont intéressés à offrir sont réputées atteindre un équilibre à un prix bien précis; toute augmentation de la demande doit nécessairement résulter en une augmentation du prix. La plus importante faille de cette « loi » est le fait d'avoir été formulée à une époque où le plus grand souci de la production était de répondre à la demande. Dans le contexte de la société d'hyperconsommation d'aujourd'hui, les prémisses sous-jacentes à cette théorie sont caduques, puisque cette dernière suppose une rareté de biens qui n'existe plus. Mais il y a d'autres failles.

Puisque ce livre est consacré aux produits de luxe, mentionnons tout de suite une contradiction qui les concerne. Pour ces produits, la forme de la courbe de la demande peut être inversée. En effet, une réduction du prix pourra entraîner une diminution de la quantité vendue à cause de la détérioration de l'image du produit. Du côté de l'offre, la « loi » en question suppose une augmentation des coûts de production liés à une augmentation du coût de la main-d'œuvre. Cela peut être exact dans une industrie qui requiert une utilisation intensive de main-d'œuvre. Or, cela n'est plus exact dans une industrie qui fait appel à des processus de production robotisés; les frais fixes liés à l'acquisition de la machinerie diminuent, par unité, au fur et à mesure d'une augmentation de la production.

Comme nous le verrons un peu plus loin dans ce chapitre, pour la vaste majorité, voire la totalité des

4. *Ibid.*, p. 67.

produits que nous achetons, le prix n'est qu'une perception de valeur qui n'a plus rien à voir avec le coût de fabrication. Les entreprises manipulent le prix comme elles manipulent la demande : « Dans le réel, la société productrice et l'industrie vont loin pour fixer les prix et établir la demande, utilisant à cet effet le monopole, l'oligopole, la conception et la différenciation de produits, la publicité, d'autres formes de promotion des ventes au client et à l'intermédiaire. Cela est reconnu même dans la théorie économique orthodoxe. La référence au "système de marché" comme traduction bénigne du "capitalisme" est un déguisement sans signification d'une réalité corporative plus profonde — le prolongement du pouvoir du producteur sur la demande du consommateur, qu'il influence et détermine. La discussion et l'enseignement économique contemporains n'accordent aucune importance à cette réalité[5]. »

N'oublions pas que la « loi » de l'offre et de la demande vise à maximiser le profit, un objectif louable à l'époque où la théorie a été élaborée, mais inapproprié dans notre société d'hyperconsommation et de spéculation éhontée. Il y a bien une loi qui interdit les prêts à taux d'intérêt usuraire ; pourquoi ne pourrait-il pas exister une loi prohibant les pourcentages de profits qui relèvent davantage de l'avarice que d'une saine gestion ? Par ailleurs, la maximisation du profit est-elle la meilleure mesure du succès d'une entreprise ? D'autres objectifs, tels le développement personnel des employés, la contribution au bien-être collectif, la conservation des ressources ou la préservation de l'environnement, ne seraient-ils pas des objectifs plus louables dans le contexte

5. K. Galbraith, *op. cit.*, p. 7. Selon Galbraith l'expression « système de marché » (*market system*) est employée de préférence à « capitalisme » pour tenter de faire oublier la mauvaise réputation de ce dernier (*ibid.*, p. 3 et suiv.).

actuel? Mon argumentation s'inscrit dans la même logique que celle de Galbraith au sujet du produit national brut (PNB) dont il remet en question la valeur comme meilleur et unique indicateur de progrès social: «Sa taille et son contenu [du PNB] sont largement imposés par les producteurs. Une bonne performance est mesurée par la production d'objets matériels et de services. Pas l'éducation ou la littérature ou les arts, mais la production d'automobiles, y compris les VUS: voilà la mesure moderne de la performance économique et par conséquent de l'avancement social. Le meilleur du passé humain consiste en ses réalisations artistiques, littéraires, religieuses et scientifiques qui ont émergé de sociétés au sein desquelles elles étaient la mesure de succès. L'art de Florence, toute la merveilleuse création civique qu'est Venise, William Shakespeare, Richard Wagner et Charles Darwin, tous sont issus de communautés ayant un très faible produit intérieur brut [...]. Assurément, nous cultivons et acclamons les arts, les sciences et leur contribution à la société et aux diverses valeurs et plaisirs de la vie. La fraude plus que minimale tient au fait de mesurer le progrès social presque exclusivement au volume de production dictée par les producteurs, l'augmentation du PNB[6].»

Trois stratégies pour augmenter les profits

On peut observer trois mouvements dans l'offre de produits de luxe: la montée en gamme, la descente en gamme et l'inflation des caractéristiques. Par «montée en gamme», il faut entendre le fait, pour une entreprise, d'étendre son offre de produits à une gamme de qualité, et surtout de prix, supérieure. Et comme l'augmentation du prix de vente au client est beaucoup plus forte que le

6. *Ibid.*, p. 15.

coût additionnel attaché à la production d'un bien ou d'un service de luxe, cela entraîne un accroissement important de la marge de profit unitaire. L'industrie automobile foisonne en exemples de ce type de stratégie. Prenons Volkswagen — dont le nom, rappelons-le, signifie « voiture du peuple ». Née dans les années 1930, sa « Coccinelle » s'est toujours vendue à prix modique ; au Canada, jusque dans les années 1970, elle a été très populaire auprès de personnes au revenu modeste. Puis sa production a été interrompue. Réintroduite à la fin des années 1990, elle est devenue sinon une voiture de grand luxe, du moins une automobile haut de gamme ; la clientèle visée est évidemment plus fortunée, et moins nombreuse.

Si la descente en gamme vise, elle aussi, à accroître les profits de l'entreprise, le moyen pour y parvenir est, lui, l'inverse du précédent. Il s'agit pour une entreprise d'étendre son offre de produits à une gamme de prix inférieur, tout en maintenant, dans une certaine mesure, la qualité associée jusque-là à sa marque. Le profit réalisé sur la vente d'un véhicule d'une gamme de prix légèrement inférieur est peut-être moins élevé, mais le profit total de l'entreprise augmente, car elle vend un nombre beaucoup plus important d'unités. Pensons à la Mercedes 190E, introduite par la prestigieuse firme allemande en 1982, à laquelle a succédé la classe « C » dans les années 1990 et, plus récemment encore, la classe « B ». La marque n'est plus réservée à une élite très fortunée, elle élargit sa clientèle. Cette stratégie permet à l'entreprise « de capter de nouveaux clients, générant ainsi du chiffre d'affaires additionnel[7] ».

L'inflation de caractéristiques a également pour objectif d'augmenter les profits de l'entreprise, en gonflant la

7. S. Mohandas du Ménil, « La critique de l'ostentation appliquée à la marque de luxe », dans *Mode de recherche*, n° 3, *Marques et société*, Centre de recherche, Institut français de la mode, Paris, janvier 2005, p. 15.

marge de profit unitaire. Cette stratégie ne met toutefois pas en jeu une montée ou une descente en gamme ; en fait, elle peut être utilisée tant pour les produits et services bas de gamme que pour ceux haut de gamme. Elle résulte souvent de pressions à la baisse exercées sur le prix d'un produit dans une industrie fortement concurrentielle. La marge de profit unitaire peut alors être en effet considérablement réduite. Incapables d'augmenter le prix de leurs produits, biens ou services, les entreprises touchées offrent des éléments optionnels, qui permettent à la fois de différencier leurs produits de ceux de leurs concurrents et d'en augmenter le prix de vente. La marge de profit réalisée sur la vente de ces accessoires est beaucoup plus élevée que celle sur le produit de base ; la vente de ces composantes permet donc d'augmenter de façon importante la marge de profit unitaire.

Là encore, l'industrie automobile fournit de beaux exemples de cette stratégie. Ainsi, considérons la Civic Sedan 2007, une petite voiture, à vocation économique, construite par Honda. Tout d'abord, l'écart de prix entre le modèle DX de base (16 980 $) et le modèle EX haut de gamme (22 430 $), soit 5 450 $, illustre déjà bien comment des accessoires peuvent gonfler le prix d'un même produit. Considérons maintenant d'autres gadgets offerts en option : plus de mille dollars pour un changeur à 8 CD, incluant sa fixation et sa cartouche ; plus de six cent cinquante dollars pour l'aileron arrière. Si on retient toutes les options disponibles, on peut ainsi faire augmenter le prix de cette Honda Civic Sedan EX à 34 228,91 $, incluant des frais de transport et de préparation de 1 275 $. On a plus que doublé le prix du véhicule de base et on roule toujours en Honda Civic — un modèle très populaire au Canada et aux États-Unis. Il n'y a là aucune exclusivité, caractère essentiel d'un produit de luxe. Cette voiture n'a d'ailleurs jamais prétendu être haut de gamme, mais son prix peut atteindre celui de certains véhicules de luxe.

Même Wal-Mart, champion des bas prix, s'est laissé séduire par le luxe. Le recul de ses ventes et de la valeur de son action à la bourse ont conduit le plus important détaillant mondial à ajouter des produits de luxe à sa gamme existante[8]. Même si certains vêtements et meubles un peu plus haut de gamme sont proposés en magasin, c'est surtout sur le site web (États-Unis) de l'entreprise que se retrouvent les produits de luxe. Ainsi, une bague en or blanc 18 carats, sertie d'un diamant central de un carat et de petits diamants totalisant un carat, est offerte au prix de 6 498 $ USD. Cela ne correspond en rien à la gamme traditionnelle de prix de Wal-Mart. Selon les analystes, l'adoption de cette nouvelle stratégie était devenue nécessaire pour maintenir la profitabilité de l'entreprise. Notons toutefois que Wal-Mart n'a pas abandonné sa clientèle habituelle ; la chaîne a simplement ajouté à sa gamme existante pour attirer des consommateurs plus fortunés.

L'utopie du luxe

Cette course au profit, et au luxe, est souvent illusoire. Restons-en à la nouvelle incarnation du luxe, le luxe « populaire », qui tire son origine du « luxe contemporain dominé par les médias[9] », apparu dans les années 1970. Les deux exemples classiques de ce luxe « contemporain » sont Ralph Lauren et Calvin Klein, deux designers de mode américains. Toutes les formes de luxe se vendent bien, un phénomène attribuable au « développement très rapide de la consommation de la seconde moitié du vingtième siècle et, notamment, dans l'amélioration

8. B. Tedehi, « Où sont les produits de luxe chez Wal-Mart ? En ligne », *La Presse*, mardi 22 novembre 2005, cahier « Affaires », p. 6.

9. M.-C. Sicard, *Luxe, mensonges et marketing. Mais que font les marques de luxe ?*, Paris, Pearson Éducation France, 2003, p. 110.

progressive des modes de vie et des styles de vie[10] ». Cette popularité auprès du consommateur et le fait que la vente de luxe autorise des marges de profit plus élevées expliquent pourquoi tant d'entreprises sont tentées par le rêve du luxe. Attirés par des prévisions de vente aveuglément optimistes à d'hypothétiques marchés, et par l'utopie de profits mirobolants, de nombreux fabricants et commerçants se laissent séduire par les sirènes du luxe. Encore faut-il que ces ventes et ces profits se concrétisent... ce qui n'est pas toujours le cas.

Les candidats au luxe sont nombreux, mais les échecs le sont tout autant. On ne s'improvise pas du jour au lendemain vendeur de luxe ; le marché est très concurrentiel et les entreprises existantes solidement établies. Le luxe a fait des victimes ! Ainsi, alors que le marché montréalais des commerces de vêtements de luxe est historiquement dominé par Holt Renfrew et Ogilvy, sans compter de nombreuses boutiques, au début des années 2000, le groupe Les Ailes de la mode inaugure un concept très haut de gamme dans l'ancien magasin principal d'Eaton (ayant lui-même fait faillite), rue Sainte-Catherine à Montréal. Ce centre commercial comporte le magasin principal de la chaîne et plusieurs boutiques de renom, parmi lesquelles La Senza, Lacoste et Tommy Hilfiger. Le concept rappelle celui du Lafayette Coupole à Paris ; on y offre des vêtements de grand luxe, parfois de luxe presque inaccessible. Résultat Les Ailes de la mode a fait faillite peu de temps après. Dans un marché aussi petit que celui de Montréal, déjà dominé par de grands noms, l'échec a été aussi monumental qu'immédiat ; il a conduit à la vente de l'entreprise. Comme les hypothétiques marchés promis à Eaton par ses conseillers, ceux des Ailes de la mode ne se sont jamais concrétisés. La

10. D. Allérès, *Luxe... Stratégies marketing*, Paris, Economica, 2005 (4e éd.), p. 8.

réussite dans le marché du luxe suppose une étude de segmentation rigoureuse et la recherche d'un positionnement réaliste, qui tiennent compte du marché et de tous les acteurs en présence.

La segmentation est un exercice qui consiste d'abord à répertorier la totalité des clients potentiels d'un marché, à « prendre une photo » de la clientèle — tout comme pour une photo, l'étude de segmentation doit refléter fidèlement la composition d'un marché à un moment social donné. On étudie ensuite en quels segments ce marché pourrait être découpé, en utilisant des variables géographiques, économiques, sociodémographiques, comportementales. Le découpage qui en résulte doit permettre d'établir des différences entre les divers segments sous l'angle du niveau d'intérêt et des attentes vis-à-vis du produit que l'on désire commercialiser. À partir de ces données, une entreprise pourra décider de cibler un ou plusieurs segments de marché. En principe, chaque segment devrait nécessiter une stratégie marketing particulière. Elle devra ensuite s'y positionner.

Le positionnement de la marque ou du point de vente est une tâche encore plus complexe que la précédente. Dans le segment de marché sélectionné, on doit tout d'abord déterminer les facteurs qui influent sur le choix de marque ou de point de vente pour le type de produit en question. On doit ensuite déterminer avec précision comment sont perçus les marques ou les points de vente présents dans le marché en question, en fonction des facteurs déterminés. Pour que l'exercice de positionnement réussisse, pour qu'une entreprise s'insère avec succès dans un marché avec une marque ou un point de vente, elle doit finalement et impérieusement choisir un positionnement qui n'est pas encore occupé par un concurrent, dans un segment de marché suffisamment gros pour subsister. Croire que l'on peut facilement déloger un concurrent bien établi est fantaisiste. On ne peut pas non plus imposer un positionnement nouveau à un marché et penser que la clientèle potentielle se laissera immanquablement séduire.

Au Québec, le marché du luxe est passablement restreint. Y proposer principalement des produits de luxe « inaccessible » ou même une trop grande abondance de biens et services de luxe « populaire » est une aberration, car on y rencontre relativement peu de gens riches et la classe moyenne y est même moins fortunée. Voici ce que révèle une comparaison avec une province voisine, l'Ontario[11]. En Ontario, on trouve 283 600 contribuables dont le revenu est supérieur à 100 000 $, alors qu'on en compte seulement 122 310 au Québec. Pis encore, le revenu moyen de ces personnes est de 248 184 $ en Ontario alors qu'il n'est que de 141 377 $ au Québec. La différence s'accroît encore lorsqu'on tient compte de la fiscalité plus gourmande au Québec. Ce n'est pas mieux pour la classe moyenne, la « famille classique » (deux parents et un ou plusieurs enfants): « Une fois les transferts des gouvernements et les impôts considérés, le revenu des familles ontariennes glisse à 76 700 $ et celui des familles québécoises à 62 200 $. Une différence pas banale de 14 500 $ ou de 23,3 %[12]. » De plus, Montréal n'est ni Paris, ni Londres, ni New York, ni même Toronto; la ville n'attire pas des hordes de touristes fortunés, comme le font d'autres villes.

Certes, donc, le luxe se vend bien ! Oui, il autorise la pratique de marges de profit plus élevées ! Oui, nombre de maisons ont connu le succès dans le marché du luxe ! Mais... toutes les entreprises ne peuvent pas, et ne doivent pas, se lancer dans la vente de luxe. Le luxe n'est pas la solution à tous leurs problèmes, comme viennent

11. A. Dubuc, *Éloge de la richesse*, Montréal, Voix parallèles, 2006, p. 106.

12. *Ibid.*, p. 69-70.

de le découvrir les grands constructeurs d'automobiles américains : le mariage Daimler-Chrysler est un échec dans lequel Daimler Benz a perdu 28,6 milliards américains, Ford veut se départir de trois marques de luxe, Jaguar, Land Rover et Volvo, et General Motors éprouve depuis longtemps des difficultés importantes avec Saab. Ces échecs étaient prévisibles, car le fait de courir après des ventes hypothétiques devant produire des profits fabuleux est illusoire ; pour beaucoup d'entreprises, la quête du luxe est véritablement utopique.

La commercialisation du luxe

Tous les éléments de la stratégie marketing participent à la construction de l'image de n'importe quel produit ; l'importance capitale de l'image pour le produit de luxe, « populaire » ou traditionnel, érige ce principe en dogme. La vente du luxe est complexe, elle nécessite une parfaite intégration des quatre éléments fondamentaux, le produit, le prix, les communications et la distribution.

Afin de se distinguer, les produits de luxe ont traditionnellement fait appel à des matériaux de grande valeur : « Les objets [de luxe] retenus sont souvent en matériaux précieux, nobles, rares (or, pierres précieuses, cristal, étoffes riches...) et leur reconnaissance et sélection le résultat d'un apprentissage culturel et social[13]. » Ils ont également d'autres caractéristiques particulières, le fait d'être fabriqués à la main, par exemple. Cela permet d'offrir à la clientèle une véritable exclusivité. C'est encore le cas pour les objets de grand luxe, ce qu'Allérès appelle le luxe « inaccessible ». Pensons aux montres Cartier, dont certaines font usage de platine, une matière encore plus précieuse que l'or. Pensons également aux robes de haute couture confectionnées en soie et à la main. Le

---

13. D. Allérès, *op. cit.*, p. 95.

luxe « populaire », en revanche, peut échapper à cette règle et souvent n'avoir de luxe que le nom, une image savamment construite. Si les couturiers de grand renom utilisent toujours la soie et la laine, d'autres font plutôt appel aux fibres synthétiques ; on trouve même des produits de marque renommée, 100 % polyester et fabriqués en grande série à Hong Kong. L'image et le prix de la marque en font sans erreur un produit de luxe « populaire ».

Les concepteurs s'évertuent à imaginer sans cesse des fonctionnalités innovatrices que l'on tentera de vendre comme autant de bénéfices additionnels. Certains objets de luxe pèchent même par un excès de caractéristiques ; dans certains cas, elles sont si nombreuses que rares sont ceux qui les utilisent toutes. Cet excès est en fait un des éléments qui confèrent un luxe à ces produits, celui-ci, rappelons-le, étant un écart. Les produits issus de la technologie en offrent d'innombrables exemples, les téléphones portables entre autres. Pensons au tout nouveau iPhone : ses caractéristiques exclusives, la pléthore de fonctionnalités qu'il offre, son apparence, l'entrée des commandes à l'aide d'un écran tactile, son design futuriste, tout se conjugue pour faire de cet objet un produit de luxe. Symbole de modernité plutôt que véritable objet d'avant-garde, c'est-à-dire un progrès technologique qui facilite le travail, c'est le gadget par excellence dont parle Baudrillard : « Trop de fonctions accessoires se développent *où l'objet n'obéit plus qu'à la nécessité de fonctionner*, à la superstition fonctionnelle : pour n'importe quelle opération, il doit y avoir un objet possible : s'il n'existe pas il faut l'inventer [...] en fait, ces objets sont *subjectivement* fonctionnels, c'est-à-dire obsessionnels[14]. » L'inutilité de l'iPhone en fait le parfait

14. J. Baudrillard, *Le système des objets. La consommation de signes*, Paris, Gallimard, 1968, p. 136-137.

gadget de luxe; quant à sa débauche de fonctions, seuls les plus aguerris sauront y recourir. Son utilisation requiert même l'apprentissage d'une gestuelle particulière, les *iPhone gestures*: *drag*, *flick*, *stop*, *swipe*, *single tap*, *double tap*, *two-finger single tap*, *pinch*/*unpinch*.

L'emballage fait partie intégrante du produit et, à ce titre, contribue à satisfaire les attentes du consommateur, ou à en susciter de nouvelles. Cela se révèle encore plus vrai dans le cas des produits de luxe: « Plus le produit est "haut de gamme" ou prestigieux, plus sa présentation globale doit être luxueuse, conçue en matériaux nobles (flacons de cristal, cordelettes de soie, rubans de satin...) et très étudiée (forme et dimension des contenants, qualités et couleurs des cartonnages...)[15]. » Prenez un bâton de rouge à lèvres de bonne qualité, mais d'une marque moins connue et insérez-le dans un tube Chanel et vous obtenez un produit de luxe, dont le prix est multiplié plusieurs fois.

Il existe de nombreuses définitions du prix et encore plus de façons de l'établir; elles sont toutes extrêmement complexes. Nous nous contenterons de celle-ci: le prix n'est qu'une perception de valeur. Établir dès lors le niveau de prix d'une marchandise ou d'un service est d'une extrême simplicité: tout ce que le marché accepte de payer au-delà de ce qu'il en coûte pour le produire et le vendre. Sur le terrain, la grande difficulté est justement de préciser cet « au-delà ». Ceux qui achètent un bien ou un service de luxe, ou haut de gamme, s'attendent à payer plus cher parce qu'ils lui attribuent une valeur plus élevée, croyant, souvent à tort, qu'il coûte beaucoup plus à produire. C'est d'ailleurs ce qui rend le luxe intéressant pour les entreprises; il autorise de vendre un article à un prix plus élevé, permettant ainsi de réaliser un profit plus important.

15. D. Allérès, *op. cit.*, p. 108.

Si l'entreprise découvre que la perception de la valeur d'un produit est trop basse, elle peut utiliser une ou plusieurs autres composantes de la stratégie marketing, le produit lui-même, la communication ou la distribution, pour améliorer la perception de valeur et augmenter le prix. En fait, vendre un produit de luxe à un prix trop faible serait dommageable, car cela nuirait à l'image de luxe du produit. À ce titre, il faut donc s'interroger sur le bien-fondé de la stratégie de descente en gamme pratiquée dans diverses industries. L'utilisation de cette stratégie et l'apposition de la marque sur à peu près n'importe quel produit ont entraîné le déclin de la marque Pierre Cardin, autrefois prestigieuse. Bien sûr son propriétaire aura engrangé des profits alléchants avant que ne se matérialise cette dévalorisation. Tout dépend donc de l'objectif poursuivi. Si on souhaite la préservation à long terme de la marque, la descente en gamme est à proscrire ; si au contraire on ne se préoccupe pas de maintenir le renom de la marque et on vise des profits rapides à court terme, c'est une stratégie intéressante. Voilà pourquoi les grandes marques traditionnelles n'y font pas appel.

« Le luxe coûte cher », entend-on souvent ; ce jugement est imprécis. Effectivement, le prix d'un produit de luxe est plus élevé que celui d'un produit courant ; le luxe étant un écart, la comparaison de prix est révélatrice. Par contre, il faut relativiser. Un modèle unique signé Dior est réservé à une clientèle élitaire disposant de revenus importants, mais, si on exclut les personnes démunies, quantité de produits de luxe sont à la portée de toutes les bourses : « Une chemise Lacoste est peut-être la plus chère dans la catégorie des polos, cela ne la rend nullement inaccessible. Une parure de lit Yves Delorme ou un sac Longchamp ne le sont pas non plus[16]. » Ici, le facteur décisif pour l'achat n'est pas le prix, mais le désir du client de se payer ce luxe,

16. M.-C. Sicard, *op. cit.*, p. 107.

quitte à se priver d'autre chose par la suite. Cette envie de l'objet est stimulée, entre autres, par un désir d'imitation des nombreux « modèles » popularisés par les médias, célébrités, classes sociales plus riches, etc., et par l'action de la communication commerciale.

La stratégie de communication d'un produit de luxe doit être prestigieuse. Voici ce que dit Danielle Allérès du luxe « accessible », proche parent de ce que j'appelle le luxe « populaire », même si l'adjectif « accessible » ne rend pas du tout l'idée de démocratisation et de croissance exponentielle du luxe dans la société d'aujourd'hui : « Le domaine du luxe accessible est le seul où des campagnes de communication importantes et très complètes sont mises en place, soit à l'occasion de la sortie d'un nouveau produit, soit en support à l'expansion de certains produits ou de la marque globale. L'élection d'un objet ou d'un produit de luxe accessible, reposant à la fois sur ses qualités intrinsèques, sur sa présentation, sa politique-prix et sa distribution, la campagne de communication, l'accompagnant, doit intégrer tous ces critères et les mettre respectivement en valeur[17]. »

Rien ne saurait mieux illustrer cette parfaite intégration de composantes que la campagne promotionnelle orchestrée par Guerlain, l'un des plus anciens parfumeurs français, pour son tout nouveau parfum, Insolence. Dès votre entrée sur le site web de cette fragrance, vous accédez à l'univers d'Insolence, un monde virtuel dédié à une femme tout aussi virtuelle. Son concept, « Audace, Indépendance, Inattendu, Rayonnement », renvoie une image idéalisée de ce que devrait être, selon certains, la femme d'aujourd'hui. Son slogan, « Une élégance qui s'amuse », nous ramène à l'hédonisme de la consommation. Son porte-parole est l'actrice Hilary Swank dont les deux Oscars et la jeunesse athlétique en font une

17. D. Allérès, *op. cit.*, p. 207.

candidate de premier choix pour incarner la femme à la fois sensuelle et audacieuse... que certaines voudront imiter. Tout participe à la construction de l'image de luxe d'Insolence : le flacon, œuvre du sculpteur Pierre Manseau, les visuels publicitaires du photographe de renom Vincent Peters, le film publicitaire réalisé par John Mathieson, célèbre directeur de photographie et détenteur d'un Oscar, qui présente « un show saturé d'énergie, [dans lequel] Hilary Swank nous offre la perfection de ses formes et la force de son regard sur le rythme vibrant de la musique *Hysteria*, extraite de l'album *Absolution* du groupe Muse ».

Outre l'utilisation de sites web sophistiqués, les communications pour les marques de luxe font aussi appel à des médias de masse : « Les insertions publicitaires se sont déplacées des médias traditionnels (publicité au point de vente et magazines luxueux) à la rue et sur des panneaux publicitaires sans perdre leur cachet. La publicité extérieure n'est plus le média que les marques de luxe réservent à leurs parfums ; YSL et Dior ont innové en utilisant la publicité extérieure pour le lancement de produits de beauté (mascara et rouge à lèvres) et des campagnes [ont vu le jour] pour une variété de biens de marques luxueuses, incluant des lunettes de soleil (Dior, D&G, Chanel), des accessoires personnels (Armani, Mont Blanc, Weston), des bijoux et des diamants[18]. »

Les marques de luxe utilisent également davantage la communication personnelle, pour individualiser l'expérience d'achat, s'assurer de la satisfaction du client avant, pendant et après l'achat, et pratiquer la vente croisée. Cette dernière est une technique qui consiste à offrir au client d'autres produits, complémentaires ou non de celui acheté ; par exemple, l'esthéticienne du kiosque Dior qui

18. Site Ipsos-Ideas, consulté le 19 juillet 2007 : <http://www.ipsos-ideas.com/article.cfm?id=3092>.

conseille l'achat d'un crayon pour mieux dessiner les lèvres à une cliente venue acheter un rouge à lèvres. C'est d'ailleurs là un exemple minimal, puisque dans les faits on propose le plus souvent à la clientèle venue acheter un produit de beauté tout un assortiment de crèmes et de cosmétiques. Cela permet évidemment d'augmenter considérablement le profit réalisé par client. La vente personnelle est une forme de communication en étroite relation avec le lieu de vente, le commerce de détail, un élément de la stratégie de distribution.

Les canaux de distribution sont « des regroupements d'organisations interdépendantes impliquées dans le processus qui vise à faciliter l'accessibilité à un produit ou à un service en vue de son utilisation ou de sa consommation[19] ». Comme toutes les autres composantes de la stratégie marketing, la distribution est fonction de la nature du produit, puisque, tout comme l'emballage, elle participe au conditionnement du produit. En gros, on peut distinguer trois types de distribution : exclusive, sélective et intensive, selon le nombre de points de vente où on peut trouver un produit. Afin de construire et de préserver leur image de rareté, les produits de luxe « inaccessible » sont distribués dans un tout petit nombre de boutiques. Par exemple, à Montréal, les accessoires, la maroquinerie et les chaussures sont en vente à un seul comptoir Dior, situé au magasin principal Holt Renfrew, rue Sherbrooke. Paris étant historiquement la capitale mondiale du luxe a droit à quatre boutiques exclusives et à quatre autres situés dans des magasins (Galeries Lafayette, Printemps, Le Bon Marché et Franck & Fils). La plus importante est sise avenue Montaigne et compte

19. L. W. Stern et A. I. El-Ansary, *Marketing Channels 5e édition*, Upper Saddle River (New Jersey), Prentice Hall, 1996, cité dans P. Kotler, *Marketing Management, The millenium edition*, Upper Saddle River (New Jersey), Prentice Hall, 2000, p. 490.

trois adresses (Dior, Dior joaillerie et Baby Dior); on y vend la totalité de la gamme de produits Dior. Dans les autres, on trouve un assortiment variable de produits Dior pour homme, femme et enfant. Sans aller jusqu'à la distribution intensive, ce qui nuirait à leur image, les produits de luxe populaire font appel à une distribution élargie ou sélective. Ainsi les parfums pour homme et femme, le maquillage et les produits de soin de la peau sont offerts dans trente-six points de vente à Montréal et trente-huit à Paris.

Les boutiques exclusives, et dans une moindre mesure celles qui ne sont pas un simple comptoir, mais plutôt une enclave dans un magasin, offrent la possibilité de créer un univers de la marque, une mise en scène dans laquelle le produit n'est plus qu'une des constituantes. Ce que l'on vend au client, c'est une ambiance, une expérience d'achat. Rien ne saurait mieux illustrer ce concept que la maison Guerlain: « Un lieu mythique. Cette maison, vous en rêviez depuis longtemps... Aujourd'hui, au 68, avenue des Champs-Élysées. Une adresse prestigieuse où vibrent l'histoire, l'expertise et l'art de vivre de Guerlain. Lieu, accueil, services : tout a été pensé pour placer vos rêves et vos désirs au cœur de nos priorités[20]. » Ces boutiques sont des univers irréels, des mondes virtuels, où on accueille les clients avec tous les égards. Ainsi, à la maison Guerlain, des « expertes parfum vous convient à une consultation personnalisée pour découvrir le parfum Guerlain qui vous révèle ». Vous repartirez avec un flacon artistiquement conçu, élégamment personnalisé, dans un emballage soigneux signé Guerlain. Vous aurez payé très cher pour ce luxe, nullement *inaccessible* pour autant ; cet achat, vous le ferez peut-être une seule fois dans votre vie, mais aurez vécu une expérience

20. Site de La maison Guerlain, consulté le 19 juillet 2007 : < http://www.guerlain.com/maisonguerlain/main_fr.asp >.

mémorable, dont le souvenir sera indélébile. Vous aurez acheté un rêve, une illusion qui a un prix : « Pourquoi la fabrication d'un moment d'évasion et de rêverie serait-elle dénuée de toute valeur, tandis que la fabrication d'un verre en cristal en aurait une, par principe[21] ? »

La même chose vaut pour les restaurants. La différence dans le prix du repas entre un établissement haut de gamme et un autre plus modeste ne tient pas seulement à la qualité de la nourriture qu'on y sert, tant s'en faut. La réputation du chef, le décor somptueux, l'ambiance raffinée, la courtoisie du sommelier et du garçon, le soin qu'on apporte au moindre détail, tout participe à la création d'un univers que vous savez irréel, mais dans lequel, pendant quelques heures, vous vivrez une expérience sensorielle inoubliable. Prenons par exemple La Tour d'argent, d'où on peut contempler la Seine et Notre-Dame ; les prix y sont élevés, mais accessibles, même pour un revenu moyen qui veut célébrer une occasion vraiment très spéciale. Ce n'est peut-être plus le restaurant le plus branché de la Ville lumière, ni celui où on mange le mieux, encore que ce jugement soit très subjectif, mais vous y dégusterez, avec tous les égards, les spécialités d'un chef étoilé, Stéphane Haissant, dans un décor recherché. Si vous commandez le caneton, on vous remettra un certificat numéroté : « Le premier a été servi à Édouard VII en 1890, et le nombre atteint maintenant plus de 1,2 million[22] ! »

La nouvelle incarnation du centre commercial

On a transposé au centre commercial ce concept d'expérience sensorielle en créant les centres dits « style de vie » (Lifestyle Shopping Mall). Au Dix30, le plus gros centre

21. M.-C. Sicard, *op. cit.*, p. 121.

22. Site de Frommer's, consulté le 20 juillet 2007 : <http://www.frommers.com/destinations/paris/D41281.html>.

« style de vie » au Canada, on recrée l'illusion de la rue principale des villages d'antan, artère qui avait pour principale vocation d'être fonctionnelle, car elle regroupait au même endroit les commerces dont les gens avaient besoin. La principale fonction de ces nouveaux centres commerciaux est d'être symboliques, de vous faire vivre une expérience sensorielle : « Une journée au quartier Dix30, c'est stimuler tous vos sens. D'abord, l'expérience shopping hors de l'ordinaire vous charmera par son circuit de boutiques bourré de petits trésors côtoyant la présence rassurante des grandes marques. Réveillez ensuite vos papilles en découvrant une foule de restos qui accueilleront autant vos jeudis entre amis que vos dimanches en famille. Votre point de départ vers cette nouvelle expérience sensorielle, c'est l'avenue des Lumières. Une rue principale large et cossue, illuminée avec art. Oui, vous pourrez sans problème y garer votre véhicule et prendre tout votre temps pour l'arpenter. Elle sera également l'hôte de nombreux événements qui raviront grands et petits. Avec le Cinéma Cinéplex Odéon et la venue prochaine du Théâtre Dix30, vos sens de la vue et de l'ouïe ne seront pas en reste[23] ! »

Là, l'hédonisme est poussé à son paroxysme. Même le nom des rues, places et commerces est évocateur de rêve : avenue des Lumières, place Extasia, restaurant Cumulus. Des concerts en plein air ont lieu tous les samedis pendant la belle saison, en attendant l'ouverture de la salle de spectacles. Pour accentuer encore l'idée de vacances, un château de sable sculpté trône sur la place Extasia, entre deux terrasses, non loin de la fontaine. Tout est fait pour en faciliter l'accès. Situé à quinze minutes en voiture du centre-ville de Montréal, à l'intersection de deux importants axes autoroutiers, à environ trente minutes de la

23. Site du Dix30, consulté le 20 juillet 2007 : « http://quartierdix30.com/fr/ ».

frontière américaine, le centre est également desservi par deux circuits d'autobus. Aux automobilistes, traités en véritables parias par l'administration actuelle de Montréal, on offre le stationnement gratuit en bordure de la rue principale, auquel s'ajoutent de vastes stationnements, toujours gratuits, extérieurs, et même intérieurs pour la mauvaise saison.

Le Dix30 est-il un projet de grand luxe réservé à quelques privilégiés ? On pourrait le croire. Mais la vérité est tout autre. Le Dix30, c'est le luxe à la portée de tous, car le luxe un peu plus exclusif côtoie le luxe populaire ; on trouve même des produits de grande distribution, voire des articles à petit prix dans un magasin Dollarama. Même chose pour la restauration ; les cafés, le *fast food* et les restos chics s'y côtoient. Dans le quartier résidentiel adjacent, l'exclusif côtoie encore une fois le populaire ; développement de prestige d'un côté et maisons de ville en rangée de l'autre. Même pour le développement de prestige on ne peut pas non plus parler d'une ville close, mais simplement d'un quartier à accès unique, car il n'y a ni mur, ni clôture, ni accès contrôlé.

L'hôtel a été conçu par Groupe Germain, un groupe canadien dont la réputation dans l'hôtellerie n'est plus à faire : « Le magazine *Travel & Leisure* a nommé l'hôtel Le Germain Montréal parmi l'un des 500 meilleurs hôtels au monde pour 2007[24]. » Le prix d'un forfait, 315 $, est dans la moyenne du prix d'une chambre dans un Holiday Inn de Montréal. L'hôtel ALT Dix30 est le premier d'un nouveau concept imaginé par le groupe : « Design exclusif, déco sexy et vibrations décadentes. Voici la nouvelle chaîne d'hôtels ALT, dernière folie des visionnaires des hôtels Germain. Folie, parce que jamais des hôtels de cette catégorie ne vous en offriront autant. En misant sur

24. Site de l'hôtel Germain Montréal, consulté le 21 juillet 2007 : <http://www.hotelgermain.com/fr/accueil.asp>.

l'essentiel, les hôtels ALT sont en mesure de vous faire vivre une expérience unique. Des chambres à mille et une nuits de ce que vous connaissez. Un lounge surprenant, en perpétuelle mutation qui s'adapte à vos envies, le jour comme la nuit. Des hôtels sans fumée où respirer est redevenu agréable. Une équation design-atmosphère-déco-au-meilleur-prix-possible que vous n'êtes pas prêt d'oublier et qui fait des hôtels ALT un incontournable pour les affaires ou le plaisir[25]... »

Hormis la « rue principale » et le théâtre, bien d'autres centres commerciaux incorporent tous les autres éléments du Dix30 : stationnements extérieurs et intérieurs gratuits, variété de restaurants, cinémas, etc. À quoi donc le concept de « centre commercial style de vie » tient-il ? Comme pour un parfum ou un restaurant de luxe, c'est le *packaging*, le conditionnement en quelque sorte, et l'axe de communication qui font le produit. Positionner et vendre le Dix30 comme un centre de divertissement, d'amusement, s'inscrit dans la logique d'achat-plaisir de Lipovetsky : « De nos jours, même la consommation des biens matériels tend à basculer dans une logique expérientielle, le shopping en général baignant dans une atmosphère hédonistique et récréative[26]. » Certains diront que les artisans de ce projet ne font qu'encourager la consommation, et ils auront raison. Cela dit, nous ne sommes pas des victimes, mais des complices de la société de consommation ; il n'en tient qu'à nous de consommer mieux et moins. Par ailleurs, ces promoteurs contribuent à faire un peu rêver les gens, dans un monde qui en a bien besoin ; le Dix30, ce n'est pas un centre commercial, c'est un centre récréotouristique dans lequel riches et moins riches peuvent trouver leur compte.

25 Site du ALT Dix30, consulté le 21 juillet 2007 : < http://www.althotel.ca/fi/concept.asp >.

26. G. Lipovetsky, *op. cit.*, p. 60.

En somme, le luxe est un appel à l'imaginaire, un idéal, tant pour les consommateurs que pour les entreprises… et c'est très bien ainsi. Il n'y a rien de mal à ce qu'une personne se fasse plaisir, s'autorise occasionnellement un écart, en acquérant un bien haut de gamme plutôt qu'un modèle ordinaire, ou en profitant d'un service de luxe, hôtel ou restaurant un peu plus somptueux, sans hypothéquer son avenir sur le plan financier. Les maisons dont c'est la vocation doivent également continuer à vendre du luxe, car le faste et la splendeur sont, depuis la nuit des temps, nécessaires à une société. Cependant, lorsque dans un secteur d'activité l'offre de biens ou services de luxe se fait au détriment de produits mi-gamme, laissant certains consommateurs moins fortunés dans l'embarras, ou lorsqu'une entreprise délaisse sa clientèle traditionnelle pour courir après des marchés fantomatiques, on peut véritablement parler de *quête chimérique*.

CHAPITRE 3
Les attentes et le luxe

La théorie des besoins, encore utilisée aujourd'hui comme fondement du marketing par la vaste majorité des théoriciens de cette discipline, doit être remplacée par une théorie des *attentes*, qui permet de mieux rendre compte de la complexité du comportement d'achat[1]. Les entreprises alimentent des attentes chez le consommateur qui les cultive à son tour conformément à une logique de la stimulation du désir et d'entretien de l'image de soi. Les efforts de commercialisation exercent une influence déterminante sur les attentes des consommateurs, en particulier en ce qui a trait au luxe.

La quête du luxe

On peut retenir trois facteurs pour expliquer la quête du luxe par le consommateur. Le premier tient à la relation étroite entre la consommation et l'image de soi : on achète

1. Voir B. Duguay, *Consommation et image de soi*, Montréal, Liber, 2005. Voir aussi R. Rochefort, *La société des consommateurs*, Paris, Odile Jacob, 1995.

des produits et services en fonction de l'image qu'on a de soi, ou celle qu'on veut avoir. La consommation de luxe peut dans ce sens être une forme de compensation pour une estime de soi faible[2]. Dans *Le bonheur paradoxal*, Lipovetsky décrit très bien ce phénomène nouveau de la consommation de luxe par tout un chacun. Si le plaisir d'acquérir un statut et le désir de se distinguer n'ont pas disparu, s'y ajoute maintenant « le plaisir narcissique de sentir une distance avec le commun en bénéficiant d'une image positive de soi pour soi[3] ». Dans nos sociétés industrialisées, l'individualisme prend des proportions épidémiques. La publicité est très révélatrice des valeurs d'une société. Dans une publicité publiée en 2006, Epiderma, un réseau de cliniques d'épilation au laser, proclamait février « le mois du moi ! ». Le logo de l'entreprise porte même la mention « parce que je pense à moi ». Mentionnons également la campagne publicitaire du « Je », entreprise à l'automne 2005 par le groupe financier RBC (Banque royale du Canada) pour appuyer son nouveau slogan « Je choisis RBC[4] ». Pensons également à la campagne « Moi j'vends ! », lancée par la firme

2. Dans cette perspective, les produits de luxe jouent un rôle important ; en effet, 66,7 % des personnes dont l'estime de soi personnelle est très faible ou faible (respectivement 1 et 2 sur une échelle de 1 à 8) mentionnent les produits de luxe comme des produits représentatifs d'elles-mêmes, contre seulement 38,3 % de celles dont cet aspect de l'estime est fort ou très fort (respectivement 7 et 8 sur une échelle de 1 à 8). Par ailleurs, 37,7 % affirment que les produits de luxe sont représentatifs de qui ils sont. Voir B. Duguay, *L'image de soi et la consommation : la nature compensatoire des produits*, thèse de doctorat en communication, université du Québec à Montréal, 2000.

3. G. Lipovetsky, *Le bonheur paradoxal*, Paris, Gallimard, 2006, p. 44.

4. Une publicité a ainsi été publiée dans le quotidien montréalais *La Presse*. C'est le graphisme qui est révélateur. Il consiste en neuf photos, chacune représentant une ou plusieurs personnes avec, en très gros caractères majuscules, neuf fois le mot « je ».

de courtage immobilier Proprio Direct en janvier 2007. Même si on peut penser qu'Epiderma joue sur la nature intime de ses services, que RBC veut se différencier par son service personnalisé et que Proprio Direct veut faire valoir le fait que ses agents font deux fois plus de ventes que les concurrents, tous ces messages sont fortement connotateurs d'individualisme et consacrent la prééminence de l'individu dans notre société.

Le second facteur qui stimule la fringale du luxe est lié aux émotions engendrées par la consommation : on assiste aujourd'hui à une véritable quête du bonheur et du plaisir. La consommation procure un sentiment de bien-être. C'est dire à quel point le fait de consommer est ancré dans nos émotions. Le marketing émotionnel, fondé sur des besoins « hédonistes-sensoriels » (*hedonic/experiential needs*)[5], se veut une nouvelle stratégie de commercialisation qui veut exploiter, voire amplifier ce phénomène : « 60 % de l'acte d'achat est dicté par les émotions engendrées par une marque ou un produit, assure Nancy Bachrach, directrice du marketing de l'agence de publicité Grey, à New York. Si une entreprise veut se distinguer, ce sont ces émotions qu'elle doit stimuler[6]. » Si on ajoute cette recherche d'émotions à une consommation narcissique, on obtient ce que Lipovetsky appelle la consommation émotionnelle, laquelle « apparaît comme forme dominante lorsque l'acte d'achat, cessant d'être commandé par le souci conformiste de l'autre, bascule dans une logique désinstitutionnalisée et intimisée, axée sur la recherche des sensations et du mieux-être subjectif[7] ».

5. Voir J. F. Engel, R. D. Blackwell et P. W. Miniard, *Consumer Behavior*, Fort Worth (Tx), Dryden Press, 1995. Voir aussi T. Shimp, *Advertising, Promotion, and Supplemental Aspects of Integrated Marketing Communications*, Fort Worth (Tx), Dryden Press, 1997.

6. Site de WDHB consulting group, consulté le 26 janvier 2007 : <http://www.wdhb.com/fr/press/press_33.php>.

7. G. Lipovetsky, *op. cit.*, p. 42.

Au-delà donc de la stimulation sensorielle par les odeurs et la musique dans les centres commerciaux, au-delà des scénarios publicitaires faisant appel aux sentiments dominants du moment, ou au plaisir associé à l'utilisation ou à la simple possession d'un produit, le message fait appel à nos pulsions égoïstes. L'individualisation de nos sociétés est un phénomène à la fois exploité et amplifié par les efforts de commercialisation.

Le troisième facteur qui favorise la course au luxe est la démocratisation de celui-ci, ce que Lipovetsky appelle le « droit » au luxe[8]. Afin de mieux comprendre cette nouvelle exigence du consommateur, considérons les logiques qu'a connues la consommation depuis la seconde guerre mondiale. Selon Robert Rochefort[9], il y en aurait trois.

Trois logiques de consommation

Au cours de la première période, entre 1945 et la fin des années 1960, les efforts de reconstruction de l'après-guerre ont engendré une forte croissance économique et un enrichissement collectif. La confiance en l'avenir a provoqué une explosion de la consommation et a probablement également favorisé l'augmentation exceptionnelle des naissances. Les valeurs semi-collectives d'alors, la famille et la croyance en la possibilité d'une ascension sociale, ont mené le consommateur à favoriser l'achat de biens durables, tels la maison en banlieue, les voitures et les appareils électroménagers.

La logique de consommation qu'a connue cette époque a complètement changé dans la période suivante, celle des années 1970 et 1980. Les valeurs semi-collectives font place à l'individualisme et à l'hédonisme ; le consommateur délaisse l'achat de biens durables et se

8. *Ibid.*, p. 44.
9. R. Rochefort, *op. cit.*

tourne vers ceux lui permettant de mettre en valeur l'image de soi, vêtements et voitures plus personnalisées par exemple. C'est le début d'une ruée vers les marques. Certaines, Pierre Cardin par exemple, ont même outrageusement exploité le phénomène jusqu'à en perdre leur lustre et à disparaître. L'économie est florissante, permettant au consommateur de donner libre cours à sa fringale de plaisir, quitte à s'endetter grâce au crédit que lui proposent allègrement les grandes chaînes de détail et les institutions financières. L'économie surchauffe, nécessitant une augmentation vertigineuse des taux d'intérêt, ce qui n'empêche pas le consommateur de s'endetter, soit par inconscience, soit parce que sa confiance dans l'avenir est très forte.

Cette orgie de consommation prend brutalement fin au début des années 1990. S'ouvre alors la troisième période de la consommation. Elle se caractérise par un fort ralentissement économique accompagné d'une crise de l'emploi qui engendrent l'inquiétude du consommateur. D'autres facteurs, tels la guerre du Golfe en 1991 et l'appauvrissement des gouvernements qui entraîne une remise en question des acquis sociaux, exacerbent le sentiment d'insécurité. On constate un retour aux valeurs fondamentales, la famille et les préoccupations sociales, dans une certaine couche de la population. Il en résulte une consommation, que Rochefort appelle de « rassurance », de produits dont la conception et la promotion sont axées sur la santé, l'écologie, le terroir, etc.

Une consommation angoissée

La première décennie du vingt et unième siècle se dessine en prolongement de la période précédente ; elle voit poindre une quatrième logique, la consommation dictée par l'angoisse. Plusieurs facteurs continuent de nourrir l'inquiétude du consommateur. En tout premier lieu, l'attentat du World Trade Center à New York en 2001 fait office de catalyseur sur une population déjà angoissée. La réponse états-unienne à cette agression, l'invasion de l'Iraq en 2003, déchire l'opinion publique américaine et divise les alliés de la guerre du Golfe. Aux États-Unis, elle a tout d'abord un effet rassurant sur la population, lié au simple enthousiasme de l'action de ceux qui ne se voient pas comme la victime passive d'un agresseur. Ce sentiment euphorique est pourtant de courte durée. Après une victoire rapide sur le terrain, attribuable à leur supériorité, les forces armées états-uniennes s'enlisent dans une guérilla urbaine qui n'est pas sans rappeler le Viêtnam. L'explosion des coûts et l'avalanche de morts et de blessés graves qui s'ensuivent traumatisent la population. Il en résulte un désaveu public des politiques du président Bush, qui s'exprime par un revirement du pouvoir politique au sénat et à la chambre des représentants ; l'année 2007 débute même par les premières manifestations publiques d'envergure contre la guerre.

Mentionnons également les effets dévastateurs de l'ouragan Katrina en Louisiane, en 2005, lesquels mettent en relief la vulnérabilité de la population face aux éléments climatiques, même dans le plus gros pays du G8, et entraînent un choc économique attribuable à l'augmentation du prix des produits pétroliers à des niveaux jamais atteints auparavant. Si l'effet ne se fait pas sentir immédiatement sur les ventes de véhicules produits en Amérique du Nord, il en va tout autrement pour 2006 : les grands constructeurs américains voient leurs ventes diminuer de façon dramatique, la compagnie Ford annonçant une perte de 12,7 milliards pour 2006 et se voyant dépassée par Toyota qui devient le numéro 2 sur le marché américain. Cela se traduit évidemment par des fermetures d'usine et d'importantes mises à pied. Le Canada et les États-Unis, dans plusieurs secteurs, connaissent d'autres importantes pertes d'emplois attribuables à la concurrence des pays émergents (Chine, Inde, etc.).

À cette longue liste de plaies viennent s'ajouter les attentats de Madrid en 2004 et de Londres en 2005, sans compter les autres attentats moins spectaculaires et les nombreuses tentatives déjouées de justesse partout dans le monde depuis. Ajoutons à cela les tensions internes, d'origine ethnique, qui se sont entre autres manifestées en France par des émeutes dans la banlieue parisienne en 2005. Les tensions raciales ne sont d'ailleurs pas l'apanage de la France ; elles se manifestent partout en Occident, particulièrement depuis les événements du World Trade Center en 2001. Au Québec par exemple, en septembre 2007, les audiences publiques de la commission de consultation sur les pratiques d'accommodement reliées aux différences culturelles, coprésidée par Gérard Bouchard et Charles Taylor, ressemblent davantage à un exercice de défoulement collectif qu'à une recherche de solution en vue d'une meilleure intégration des immigrants ; les manifestations de xénophobie, voire de racisme, qu'on y trouve, particulièrement à l'égard des musulmans, sont le reflet d'une peur viscérale que plusieurs entretiennent vis-à-vis de tout ce qui n'est pas comme eux.

Bref, depuis le début du nouveau millénaire, l'inquiétude croît en Occident. Du point de vue de la consommation, les réactions à cette angoisse sont diverses. Si les années 1990 ont vu naître la consommation de « rassurance », la première décennie des années 2000 a vu se poursuivre, chez plusieurs, la tendance à acheter des produits « naturels », « santé », « écologiques » ou « biologiques »; par ailleurs, les premiers *baby-boomers*, commençant à atteindre la soixantaine et davantage préoccupés par leur santé, contribuent ainsi à l'essor des produits destinés à maintenir leur vitalité. Avec les preuves accablantes du monde scientifique, les préoccupations écologiques ont également pris une présence considérable ; les produits respectueux de l'environnement, tant par leur contenu, que par leur mode de production ou leur emballage, ont la cote. La fin du vingtième siècle a également vu naître le *consommateur réfléchi*, plus préoccupé par les enjeux sociétaux et par des attentes esthétiques et informationnelles. Ces deux tendances de consommation s'inscrivent dans une approche plus « raisonnable » ou plus « responsable » de la consommation, en réaction aux excès des décennies antérieures et dans la perspective de ménager l'environnement malmené.

D'autres consommateurs ont, eux, une réaction diamétralement contraire ; ils deviennent des hyperconsommateurs. On peut y voir une volonté de fuir la réalité, insupportable pour eux, de se réfugier dans un monde « virtuel », créé par la consommation. Je pense que les propos du père Timothy Radcliffe, maître général de l'ordre des Dominicains, illustrent admirablement bien cette virtualité de la consommation : « Face à un avenir incertain, nous sommes tentés en effet de rechercher simplement des distractions futiles. Quand les barbares envahirent Rome, la plus grande partie de la population ne s'en rendit même pas compte, parce que les Romains assistaient aux jeux. Ils tentaient d'oublier l'avenir avec des frivolités[10]. » C'est dans cette perspective qu'il faut voir le « droit » au luxe. Affranchi des principes de vie austères prêchés par les religions, en apparence libéré des barrières sociales par la démocratisation, le consommateur peut maintenant prétendre à ce qu'il y a de mieux : « Tandis que les modes de socialisation n'enferment plus les individus dans des univers étanches, tout le monde considère avoir droit à l'excellence et aspire à vivre mieux

10. Site de l'église protestante de Suresnes (France), consulté le 2 février 2007 : <http://eglisedesuresnes.free.fr/radcliffe.htm>. Je remercie M. Jacques Lison, directeur de *Prions en Église* et *Rassembler*, Novalis, université Saint-Paul (Ottawa), pour m'avoir fourni la référence de cette citation.

dans les conditions les meilleures[11]. » Regardons ce que sont les attentes du consommateur.

Ce que sont les attentes

Pour mieux comprendre la notion d'attente (nous en distinguons dix types), prenons l'achat d'une voiture. On pourra acheter un modèle particulier pour diverses raisons : sa faible consommation d'essence (attente fonctionnelle), sa réputation (attente symbolique), l'image qu'on souhaite projeter (attente imaginaire), le plaisir de la conduire (attente sensorielle), son prix raisonnable (attente financière), l'accueil chaleureux du concessionnaire ou du vendeur (attente relationnelle), l'utilisation de matériaux recyclés dans sa construction (attente sociétale), l'aspect unique de ce modèle (attente esthétique), les informations détaillées et conviviales du constructeur (attentes informationnelles), la rapidité de la livraison (attente temporelle). Le choix définitif tiendra sans doute compte de plusieurs facteurs, peut-être même de tous, l'influence de chacun étant fonction d'une pondération propre à chaque acheteur.

Une attente doit être vue comme une exigence que le consommateur veut satisfaire. Elle précise la notion floue de besoin sans se traduire immédiatement et obligatoirement en un désir. Si les attentes les plus importantes qu'on a à l'égard d'un produit sont satisfaites, on pourra nourrir un désir pour ce bien ou ce service, désir qui pourra par la suite se concrétiser en une demande ferme puis dans un achat. Contrairement aux besoins, que les théoriciens du marketing prétendent innés et donc résolument ancrés dans l'être humain, les attentes sont déterminées par d'innombrables facteurs ; en premier lieu, la publicité et toutes les autres actions communicationnelles effectuées dans un

11. G. Lipovetsky, *op. cit.*, p. 45.

but commercial, mais également les valeurs de la société à laquelle un individu appartient, son cheminement personnel, ce que rend possible l'évolution technologique, largement diffusée par tous les canaux d'information… bref tous les stimuli auxquels une personne est exposée. Il est important de comprendre qu'à chaque attente du consommateur correspond un aspect, au sens large, du produit ; ainsi, pour répondre à l'attente fonctionnelle d'un vêtement durable, le produit devra faire appel à un matériau qui assurera cette durabilité, les communications quant à elles devront participer à la création d'une image de durabilité.

Dans ce qui suit, je m'appliquerai à définir brièvement chaque type d'attentes, à expliquer ce que sont les attentes du consommateur d'aujourd'hui, par rapport au luxe, et comment on suscite ces attentes. Pour illustrer chaque type d'attente, je ferai notamment appel au parfum Insolence de Guerlain, déjà utilisé dans le chapitre précédent pour expliquer comment on vend du luxe.

Les attentes fonctionnelles

L'attente *fonctionnelle* désigne une exigence de nature utilitaire ; le produit doit pouvoir remplir sa fonction à la satisfaction de son utilisateur. Ainsi, l'utilité première d'un stylo est de permettre d'écrire ; si on achète un stylo et qu'il n'écrit pas, on sera insatisfait de sa performance. Hormis la performance, le client peut être à la recherche d'autres bénéfices visant l'aspect sécuritaire de l'emploi d'un produit ou de la sécurité accrue que procure son utilisation, sa résistance à l'usure, sa simplicité d'utilisation, le peu d'entretien qu'il nécessite, etc.

Puisque le luxe *populaire* ne fait appel ni à des matériaux de grande valeur ni à une confection artisanale, les attentes fonctionnelles à son endroit sont réduites à leur plus simple expression et d'autres types d'attentes ont préséance. Ainsi, un T-shirt Nautica, Nike, Adidas, Chevignon, Parasuco ou d'une autre marque un peu plus haut de gamme, devra être confectionné dans une matière qui lui conférera un confort acceptable et une durabilité normale. Il importe peu qu'après un an d'usage il se soit déformé ou décoloré ; de toute façon, la mode aura changé et le consommateur voudra en acheter un nouveau au goût du jour. Qu'il soit produit en grande série dans une usine asiatique n'a pas non plus grande importance. Par contre, d'autres caractéristiques prennent une importance primordiale : la coupe et la couleur notamment, deux éléments qui touchent également les attentes *esthétiques*. Tommy Hilfiger a construit sa marque autour de couleurs vives, avec des coupes jeunes, à une époque où quantité de vêtements étaient sobres ; il a ainsi attiré un type de clientèle qui a ensuite servi de modèle à d'autres segments de marché.

On trouve des exceptions à cette règle ; des matériaux de qualité supérieure peuvent entrer dans la confection de produits de luxe *populaire*. Ainsi, Wenger, fabricant du célèbre couteau de l'armée suisse, fabrique également des montres. Certains modèles font appel au titane plutôt qu'à l'acier inoxydable ; outre le fait d'être plus résistant, ce métal est également plus léger. Une montre construite dans ce matériau sera donc plus confortable, une attente que peuvent avoir certains consommateurs.

En fait, certains objets de luxe n'ont parfois aucune fonctionnalité, leur seule fonction étant de tenir lieu de symbole ; les acheteurs n'ont donc aucune attente fonctionnelle à leur égard, outre le fait de symboliser quelque chose. Les bijoux par exemple, dont même la matière qui les compose peut être sans grande valeur, si on pense aux objets de pacotille. La valeur des bijoux de luxe peut toutefois venir de leur matière, or, platine, diamants, pierres précieuses, perles, etc., auquel cas le consommateur se souciera de l'origine, de la pureté et de l'authenticité. Un certificat d'origine accompagne même certains bijoux. Leur valeur peut aussi tenir à leur provenance (une montre suisse) ou à la renommée de celui qui les a conçus (artisanat), éléments qui se rapprochent le plus de ce que sont les attentes fonctionnelles, qui peuvent cela dit également être liés à des bénéfices d'image, donc à des attentes symboliques.

Les parfums sont d'autres produits vis-à-vis desquels les attentes fonctionnelles sont très faibles. En effet, sur ce plan, ce qu'on peut demander à un parfum comme Insolence de Guerlain c'est non pas de dégager une senteur agréable, puisque cela relève d'une attente sensorielle, mais plutôt de convenir à la personne qui le porte de sorte que celle-ci ne dégage pas d'odeur désagréable. On sait très bien qu'un parfum réagit à la chimie de la peau et que certains parfums peuvent très bien ne pas convenir à certaines personnes; un parfum est un achat très personnel. Cela conduit à mentionner un autre élément fonctionnel du parfum, sa personnalisation; de pouvoir satisfaire cette attente vis-à-vis d'un parfum est une attente fonctionnelle. L'orgue à parfum qui trône en évidence à la maison Guerlain ne permet pas à chaque cliente d'individualiser sa fragrance, mais cet élément du décor vient renforcer l'image de personnalisation du parfum (flacon personnalisé et choix de six senteurs).

Les attentes symboliques

L'attente *symbolique* désigne une exigence de nature représentative; on attend des produits qu'ils confèrent à leurs acheteurs, possesseurs ou utilisateurs, une certaine image. La société de consommation nous a habitués à vivre dans un monde de signes; par conséquent, les attentes symboliques sont parmi celles qui influent le plus sur la consommation. Tous les produits font appel à d'innombrables symbolismes, mais biens et services de luxe sont particulièrement évocateurs de ceux recherchés, dont les principaux sont le statut, la richesse, le pouvoir, l'appartenance à une classe sociale, la mode, un style de vie, la modernité ou l'historicité.

Considérons Guerlain, parfumeur français qui a maintenant étendu sa gamme de produits de luxe au soin de la peau et au maquillage. À votre arrivée sur le site web de cette maison, vous êtes accueilli par une mélodie, à la fois sensuelle, entraînante et empreinte de mystère, et par le slogan « Une empreinte de moi dans la mémoire des autres »; on y trouve le souci de plaire à soi comme aux autres, une particularité, selon Lipovetsky, du troisième âge de la consommation: « La consommation "pour soi" a supplanté la consommation "pour l'autre" en phase avec l'irrésistible mouvement d'individualisation des attentes, des goûts et des comportements[12]. » Non seulement le nom Guerlain est-il un symbole bien connu du luxe, mais l'image, créée autour de la marque par la musique et le slogan, est elle-même symbolique du nouvel âge de la consommation.

Toujours chez Guerlain, d'autres symboles viennent construire l'image. Prenons le flacon utilisé pour le parfum Insolence. « Le flacon Insolence est une valse à trois temps. Créé par le sculpteur Serge Manseau, l'objet semble taillé dans la lumière même. Hors la griffe Guerlain, et le nom du parfum sur un cercle de platine, rien n'interfère entre le verre et le rayonnement qu'il capture. Les trois demi-sphères — on pense à une toupie, une robe virevolante [*sic*], une fleur ouverte — font une triple révolution sur elles-mêmes[13]. » Déjà, le fait de mentionner la valse évoque les réceptions dans les milieux raffinés. Le nom de Serge Manseau, sculpteur-designer

12. *Ibid.*, p. 39.

13. Site d'Insolence, consulté le 23 juillet 2007: <http://www.insolence.com/>.

renommé dont les clients sont « Cartier, Coty-Lancaster, Dior, Fabergé, Hermès, Givenchy, Kenzo, L'Oréal, Rochas, Van Cleef & Arpels… », est en quelque sorte une deuxième griffe de prestige qui, ajoutée à la marque Guerlain, confère au parfum une aura de richesse. L'utilisation des termes « lumière » et « rayonnement » laisse entendre qu'on brillera parmi ses pairs. La couleur platine, de cette matière plus précieuse que l'or, du cercle sur lequel sont inscrits la marque et le nom du parfum ajoute encore à l'idée de briller par une sorte d'exclusivité, sans ajouter au coût ou à la valeur objective du produit, puisqu'à 75 $ le flacon de 50 ml il serait étonnant que l'on ait utilisé du platine véritable.

Jetons maintenant un coup d'œil à la campagne publicitaire présentée par Tommy Hilfiger sur le site web de cette maison[14]. La stratégie est tout autre ; aucun texte, que des images pour mettre en valeur toute la gamme de produits. Ce que Tommy veut évoquer, c'est un style de vie, le rêve américain. D'entrée de jeu, une musique aux notes légères accompagne la photo d'une montgolfière aux couleurs de la bannière étoilée, en vol au-dessus du désert de l'Arizona. Le tout donne une grande impression de liberté. Tous les acteurs de cette mise en scène sont jeunes, dans l'esprit du culte de la jeunesse auquel s'est vouée la marque dès ses débuts. On retrouve cet esprit dans l'énoncé de mission, qui apparaissait à ses débuts sur le site de l'entreprise : « La Corporation Tommy Hilfiger est dédiée à vivre l'esprit du rêve américain. Nous croyons que… *l'esprit de la jeunesse* est notre plus grande inspiration. L'*ingéniosité* est la clef de la valeur et de l'excellence. En faisant de la *qualité* une priorité de nos vies et de nos produits. En

---

14. Site de Tommy Hilfiger, consulté le 23 juillet 2007 : < http://usa.tommy.com/opencms/opencms/advertising/advertising campaign/ >.

se respectant les uns les autres nous pouvons rayonner auprès de toutes les cultures et communautés. En étant *audacieux* dans notre vision nous élargissons continuellement nos frontières. Vivez l'esprit de Tommy[15]. » Cet esprit se répète dans toutes les scènes qui s'enchaînent, dans lesquelles on peut voir de jolies naïades et de jeunes apollons. Il s'inscrit dans le retour du culte de la jeunesse ; c'est donc un appel aux attentes des *echo-boomers*, mais également celles de leurs parents, les *baby-boomers*, qui rejettent les modèles traditionnels des personnes dans la cinquantaine et la soixantaine. On cherche à connoter un style de vie actif en présentant les différents acteurs dans un cadre rude, le désert, et une activité à caractère aventureux, le vol en montgolfière ; une des photos présente même un jeune homme portant l'écharpe blanche des pilotes de l'époque des biplans à cockpit ouvert. Le message est clair, ceux qui portent les vêtements Tommy sont des aventuriers — même dans la tenue la moins dynamique : complets, robes de cocktail, sous-vêtements, pyjamas, etc.

Les attentes imaginaires

L'attente *imaginaire* désigne elle aussi une exigence de nature symbolique, mais un symbolisme ancré dans les aspirations profondes de la personne : image, estime, identité et valeur de soi. Bien que la plupart d'entre nous n'en soyons pas conscients, la construction et la défense de l'image de soi influent sur chacune de nos paroles, chacun de nos gestes, et ce, de façon constante. C'est dire l'influence que les attentes imaginaires exercent sur la consommation. Les publicitaires font depuis longtemps intuitivement appel aux attentes imaginaires. Revenons

15. Site His Room, consulté le 23 juillet 2007 : < http://www.hisroom.com/Tommy-Hilfiger,TH01,1.html >.

au parfum de Guerlain pour illustrer comment on les suscite et y répond.

« L'Insolence est une étincelle au fond du regard ; un sourire intrépide, un silence qui en dit long. C'est une grâce désinvolte, une élégance qui s'amuse. C'est un style, c'est un panache, un éclat, c'est le nouveau parfum féminin de Guerlain : Insolence. La femme Insolence. Tout en elle est libre. Elle fait ses choix et suit sa propre route. Libre et spontanée, elle s'affirme telle qu'en elle-même, femme, contre les conventions et le raisonnable, sans complexe. Elle est Insolence. » Déjà, le nom du parfum évoque la rébellion et est associé à l'individualisation dont parle Lipovetsky. La désinvolture et l'élégance nous renvoient à un archétype de femme dont l'assurance est inébranlable. D'autres connotations, la liberté, l'indépendance, la spontanéité, l'affirmation de soi, l'anticonformisme, participent à la création d'une image idéalisée, pour certains, de la femme ; cette image de femme professionnelle répond aux aspirations d'un segment de marché bien précis. La fluidité des formes du flacon ajoute une touche de sensualité à l'ensemble, démontrant que cette femme conserve une part de féminité.

On retrouve cette sensualité dans un autre produit Guerlain, le rouge à lèvres KissKiss, un nom déjà très évocateur : « À la fois gai, sexy et enjoué. À murmurer inlassablement, avec volupté. L'évocation immédiate d'une tentation. L'appel irrésistible au baiser : KissKiss. » Sexy, volupté, tentation, appel *irrésistible* au baiser, presque chaque mot de ce court message publicitaire est une invite à la volupté. Ces connotations permettent de répondre non seulement aux attentes imaginaires de certains, par leurs allusions à la sexualité, une composante du soi, mais aussi à leurs attentes *sensorielles*, par leur appel au plaisir et à la jouissance.

Les sentiments et émotions font aussi partie intégrante de l'image de soi. De toutes les réactions affectives, l'amour est probablement la plus forte chez l'être humain ; l'amour des autres est même un précepte fondamental de toutes les grandes religions. Il n'est donc pas étonnant de voir l'amour exploité par la publicité. Soit le site web Love de Cartier. Sur le thème (uniquement formulé en anglais) « How far would you go for love[16] » (Jusqu'où iriez-vous par amour) et au son d'une musique entraînante, la page d'accueil présente quatre rubriques, la « Love Collection », la « Love Galerie », le « Love Day » et les « Love Films » ; le site est exclusivement dédié à l'amour... dans la perspective Cartier.

La collection présente les créations Love, dont le bracelet avec ce message : « Dans les années 1970, l'imagination est au pouvoir, attachement amoureux, le célèbre bracelet Cartier se ferme avec un tournevis. Bijoux cultes aussitôt adoptés par les couples mythiques ; Love est un talisman provocateur, un signe de ralliement de l'amour moderne, totalement affranchi des conventions. » La mention des années 1970 est un appel à la génération des baby-boomers, qu'on sait disposer de revenus supérieurs à ceux de la génération précédente. Pour les séduire, rehausser leur estime en quelque sorte, on fait un clin d'œil à leurs réalisations, dont ils sont avec raison très fiers. L'allusion au culte et au mythe confère aux bijoux une image hors du commun. Le talisman ajoute une connotation sacrée à l'amour.

La galerie présente les œuvres de jeunes artistes du monde entier : « Découverte de nouveaux talents, croisement des disciplines, commandes d'œuvres, le site Love cristallise ainsi l'esprit de mécène que Cartier développe depuis près de vingt-cinq ans. Inventant un romantisme du vingt et unième siècle, revisitant la carte du tendre à l'ère des rencontres par internet, les artistes réunis ici

16. Site Love de Cartier, consulté le 24 juillet 2007 : <http://www.love.cartier.com/home_fr.html?idlangue=fr&idcontinent=eu>.

imaginent des histoires d'amour empruntes [*sic*] de poésie ou de gravité, d'humour ou de légèreté. » Intitulée « Je te suivrais n'importe où », l'œuvre de Flavia Da Rin illustre bien le concept : sur fond musical langoureux, son photoclip nous entraîne dans une histoire d'amour perdu, un Roméo et Juliette réinventé qui s'achève par la mort des deux amants dans une onde qui immortalise leur amour dans ses reflets. Cette section du site confère à Cartier une image philanthropique et ses créations acquièrent ainsi une aura de luxe dont la valeur ne peut même pas être chiffrée. Quant à l'œuvre décrite, l'émotion y est exploitée au maximum ; comment ne pas désirer cet amour idéal et ne pas vouloir l'immortaliser dans les reflets d'un bijou Cartier ?

La rubrique « Love Day » étant beaucoup plus pertinente pour l'analyse des attentes *sociétales*, je passe tout de suite à la dernière, les « Love Films ». « Cartier, l'amour et Paris », ces trois mots, qui introduisent la présentation des films par leur réalisateur, Olivier Dahan, lient déjà trois mythes. Poursuivons : « Ce qui m'a paru intéressant est qu'il existe des centaines de preuves d'amour, mais qu'à l'échelle du temps, de l'éternité, ces signes d'amour se signent sur une vie entière, ou sur une fraction de seconde. » Les mentions de l'éternité et de la vie entière rappellent l'indissolubilité de l'amour, dans sa forme la plus pure ; c'est à la fois une vérité indiscutable... et une ironie, quand on connaît le nombre effarant de couples célèbres ayant porté des bijoux Cartier qui n'ont rien d'éternel. De souligner qu'un témoignage d'amour peut se décider dans une fraction de seconde est une invite à ne pas réfléchir, à agir sous le coup des émotions, à acheter un bijou Cartier pour l'élue de notre cœur. D'ailleurs, le réalisateur avoue ouvertement son désir d'en appeler aux sentiments : « Choisir l'amour par-dessus tout sans tenir compte du reste. Ces films, j'espère, vont vous faire partager ces sentiments. » Tout le site est une véritable ode à l'amour, une façon habile de stimuler des attentes imaginaires latentes, voire d'en susciter de nouvelles... et d'y répondre par le biais des créations Cartier.

Les attentes sensorielles

L'attente *sensorielle* désigne une exigence de nature hédoniste. Le plaisir de la consommation, particulièrement pour des produits de luxe, se situe sur plusieurs plans. Le simple fait de s'être autorisé un écart, d'avoir acheté un produit de luxe plutôt qu'un autre d'une qualité plus ordinaire, est en soi une grande satisfaction ; c'est à la base ce qui fait l'attrait du luxe. La stimulation des sens, vue, ouïe, odorat, goût et toucher, le fait d'éprouver des sensations toujours renouvelées, est une autre forme de volupté ; elle s'inscrit d'ailleurs dans la perspective expérientielle de la consommation dont parle Lipovetsky[17]. Finalement, les souvenirs impérissables attachés à une destination visitée à l'occasion d'un voyage, à un repas dans un restaurant prestigieux, à un achat déraisonnable effectué pour une occasion spéciale, à un vêtement porté dans une circonstance exceptionnelle, sont autant d'exemples d'une troisième perspective du plaisir. Considérons encore le parfum Insolence.

Comme tous les parfums, on attend d'Insolence qu'il dégage une fragrance suave, en soi un plaisir olfactif ; c'est toutefois insuffisant pour satisfaire toutes les attentes *sensorielles* d'un tel produit. Il doit également faire appel à la sensualité ; pour l'avoir humé, je qualifierais son effluve d'envoûtant. Voici ce que dit son créateur, de cette « spirale olfactive » à trois facettes : « La féminité extravertie et audacieuse (étincelles de violettes) — Éclatante et pétillante (éclats de fruits rouges) — Rayonnante et sensuelle : l'iris luxueux, brillant, enveloppant et voluptueux

17. G. Lipovetsky, *op. cit.*, p. 58.

(lumières d'iris). » À la sensualité de la fragrance s'ajoute celle de sa robe ambrée, rappelant celle de l'or ou de l'ambre, et de son flacon tout en rondeurs, très évocateur. Évidemment, le message participe à la construction, voire à l'amplification, de cette image sensuelle.

La sexualité étant une pulsion très forte du soi, on trouve ce type d'attrait dans un grand nombre de publicités : « Les attraits sexuels en publicité sont utilisés fréquemment et de plus en plus explicites[18]. » Ils permettent de stimuler les attentes sensorielles tout autant qu'imaginaires. L'industrie du vêtement y fait abondamment appel. Par exemple, à l'été 2007, la boutique La Vie en rose du centre commercial Dix30 a mis en façade une affiche grand format d'une jeune femme aux cheveux blonds légèrement bouclés, portant un soutien-gorge et un slip noir ; elle est assise dans une pose décontractée, sur ce qui semble être une peau de mouton ou un tapis à long poil blanc, avec un feu de foyer en arrière-plan. L'ensemble est assez suggestif sans être vulgaire et me semble approprié pour une boutique de lingerie pour dames. À l'été 2006, les galeries Lafayette ont utilisé une publicité sensuelle pour annoncer l'espace maillots de bain au quatrième étage, boulevard Haussmann. Une jeune fille très bronzée est couchée sur ce qui semble être un plongeoir, dans une pose séduisante sans être provocante, sa jambe gauche allongée sur le genou droit replié ; bien qu'elle ait retiré son maillot, le slip pend à son pied gauche et elle retient le soutien-gorge sur ses seins, elle ne dévoile rien de ses parties intimes. Cette publicité, comme la précédente, évoque la sensualité sans être manifestement sexuelle ; elle me semble également appropriée pour vendre le produit en question.

18. T. A. Shimp, *Advertising, Promotion, Supplemental Aspects of Integrated Marketing Communications*, Fort Worth (Tx), Dryden Press, 2000 (5e éd.), p. 350.

Tel n'est pas toujours le cas : « Une campagne publicitaire pour les jeans Calvin Klein mettant en scène des adolescents dans des poses provocantes a soulevé un tollé public, et Calvin Klein a mis fin à la campagne après que des critiques l'ont qualifiée de pornographie infantile[19]. »

La publicité est à la fois reflet de la société et action sur elle. Malgré l'humour qui teinte des publicités excessives, les personnages qu'elles mettent en scène sont des stéréotypes à connotation sexuelle de la femme et de l'homme, véhiculés dans certains milieux. Si les attraits qu'elles présentent correspondent vraiment aux attentes d'un segment de marché, ce que je crois malheureusement exact, elles ne disent pas grand-chose d'édifiant de cette tranche de la société et n'exercent assurément pas un effet bénéfique sur sa culture. Il ne s'agit pas d'exclure la sensualité des messages publicitaires, mais ce type de stratégie doit évoquer des attraits sexuels subtilement et avec goût, plutôt que de les exhiber ouvertement, voire vulgairement, et être utilisée seulement pour des produits dans lesquels la sensualité entre en jeu — ni la bière ni les véhicules automobiles, par exemple. À cet égard, dans l'ensemble, les produits de luxe font un usage responsable et de bon goût de la sensualité : il en va de leur image.

Les attentes financières

L'attente *financière* désigne une exigence liée au prix ou aux modalités de paiement. Évidemment, dans le cas d'un produit de luxe, le client est disposé à débourser davantage — pour plusieurs, luxe, qualité et prix vont de pair : « [La] variable prix exerce une influence sur la perception que les consommateurs ont du produit. Ainsi, un prix élevé engendre normalement de fortes attentes quant à la

19. C. Miller, « Sexy Sizzle Backfires », *Marketing News*, 25 septembre 1995, cité dans T. A. Shimp, *op. cit.*, p. 353.

qualité du produit et contribue en même temps à faire diminuer le niveau de risque perçu. Pour plusieurs consommateurs, un prix élevé rassure et constitue un gage de qualité[20]. » Cela ne signifie toutefois pas que le client soit totalement insensible au prix. Pour un produit de luxe populaire, on doit respecter une fourchette de prix. Si le prix est trop bas, le produit perd son lustre, s'il est trop élevé le client peut se rabattre sur un produit concurrent.

Ainsi, Insolence respecte la gamme de prix des eaux de toilette (de 72 $ à 75 $). Shalimar, un classique de Guerlain, Trésor de Lancôme, N° 5 de Chanel, Opium d'Yves Saint Laurent, Poison de Dior, Jaïpur de Boucheron, Hugo Boss Femme, Island Hawaii de Michael Kors, Touch of Pink ou Inspiration de Lacoste, toutes les eaux de toilette affichent un prix dans cette gamme, les eaux de parfum, un peu plus concentrées, se vendant 15 $ ou 20 $ de plus. Ni l'image, ni le prestige de Guerlain, ni le fait que, fondée en 1828, la maison est un des plus anciens parfumeurs de Paris, ni même le fait d'avoir débuté dans la parfumerie, rien de tout ça ne permet à Guerlain de déroger à la fourchette de prix acceptable pour le client ; le fait d'être un grand classique ou une nouveauté, ou encore la grande popularité d'un parfum n'autorisent pas non plus son concepteur à le vendre plus cher[21].

Les produits de luxe inaccessible ne connaissent pas cette contrainte : « Un produit de luxe [inaccessible], composé strictement des matériaux les plus nobles, fabriqué en petite quantité, assorti d'un conditionnement

20. F. Colbert, R. Desormeaux, M. Filion, R. Gendreau, *Gestion du marketing*, Boucherville, Gaëtan Morin, 2002 (3e éd.), p. 226.

21. Je remercie madame Manon Landry, conseillère en parfumerie chez Quadrant, distributeur canadien de grandes marques de parfum et de produits de beauté. Sa gentillesse et sa patience à m'expliquer les différences entre les fragrances m'ont permis de comprendre un peu mieux le monde mystérieux, pour moi, des parfums.

très raffiné, atteint des prix de revient très élevés et des prix de vente peu concurrentiels[22]. » Pour ce type de produit, on diminue l'importance du prix en faisant valoir la valeur mythique : « Vissé autour du poignet de l'être aimé par un tournevis, le bracelet Love de Cartier devient alors talisman provocateur en même temps que symbole iconique d'un amour fusionnel... Vous oublier jusqu'à ne plus faire qu'un, posséder ou vous laisser posséder. » La valeur monétaire d'un talisman, objet consacré aux propriétés surnaturelles, est inchiffrable ; le prix, c'est ici manifeste, est bien une perception de valeur, poussée à la hausse par la rareté et la force du désir de possession. C'est ce qui explique que, en juin 2006, Christie's, la célèbre maison d'encan londonienne, ait pu vendre un tambour ancien provenant d'une île dans le détroit de Torres pour la rondelette somme de 818 400 euros.

Puisque le prix et l'image d'un produit de luxe sont indissociables, réduire le premier peut nuire à la seconde ; que dire alors de la stratégie de descente en gamme ? On peut croire qu'ajouter des produits de luxe populaire à la gamme d'une marque de produits de luxe inaccessible est nécessaire, voire essentiel, à la santé économique de l'entreprise. Effectivement, à court et même à moyen terme, cette pratique peut améliorer la rentabilité, car, faisant appel à de nouvelles attentes, elle permet d'intéresser de nouveaux segments de marchés à la marque. Ce faisant, cette dernière répond moins bien, voire plus du tout, aux attentes de son marché d'origine ; le risque est donc très grand de voir l'image de la marque péricliter.

Considérons maintenant les modalités de paiement, un autre aspect des attentes financières. Les produits de luxe sont chers, de plus en plus ; si ce phénomène d'inflation n'affecte pas trop le luxe inaccessible, il est en

22. D. Allérès, *Luxe... Stratégies marketing*, Paris, Economica, 2005 (4e éd.), p. 108.

revanche problématique pour le luxe populaire. Cela est particulièrement évident dans l'industrie automobile. Exception faite de quelques marques asiatiques, le prix de tous les types de véhicules, du plus luxueux au plus modeste, est devenu si élevé que l'achat, même par le biais d'un financement, est maintenant problématique pour un grand nombre de personnes. Les attentes financières des acheteurs font souvent état d'un paiement mensuel qui ne doit pas dépasser un certain montant, une mensualité composée des intérêts et du capital remboursé ; le prix des véhicules ne permet plus de répondre à cette attente. C'est ce qui explique que cette industrie soit passée en masse de la vente à la location. À court terme, cette tactique a permis d'écouler les stocks de véhicules neufs… pour la période de la location, habituellement entre deux et quatre ans. En revanche, on déplace le problème, car les véhicules de location repris gonflent les stocks des concessionnaires, mettant sur le marché une grande quantité de véhicules peu usagés à un prix de beaucoup inférieur à celui des véhicules neufs. À terme, le problème devient insoluble, car il rend encore plus difficile l'écoulement de véhicules neufs. Il est toutefois moins aigu pour les véhicules de luxe parce que la production est plus faible et que les véhicules usagés peuvent être revendus à d'autres segments de marché, ce qui affecte néanmoins l'exclusivité de la marque.

Une autre tactique utilisée par les constructeurs automobiles pour satisfaire les attentes financières du client, réduire le paiement mensuel, consiste à abaisser le taux d'intérêt exigé sur l'achat ou la location du véhicule. Comme la première, cette pratique engendre un problème pour l'entreprise, à tout le moins un manque à gagner sur les sommes prêtées à faible taux, parfois même sans intérêt. Si l'entreprise ne dispose pas des liquidités suffisantes, c'est plutôt une dépense additionnelle pour assurer le financement des activités. Le problème est évidemment moins aigu lorsque les taux d'intérêt sont bas. Toujours pour réduire le paiement mensuel, on pourrait également mentionner l'augmentation de la période de remboursement du prêt, ou de la période de location, mais ce sont des tactiques qui relèvent plutôt des attentes temporelles, dont nous parlerons ultérieurement.

Les attentes relationnelles

L'attente *relationnelle* désigne une exigence concernant les interactions, que recherche ou ne recherche pas le consommateur, dans le cadre de l'achat ou de l'utilisation du produit. Si certaines personnes fuient les vendeurs et préfèrent même les magasins de type libre-service, il semble en revanche aller de soi que le client qui achète un produit de luxe attend un service plus attentif et plus personnalisé. Par exemple, dans un restaurant luxueux, défileront à votre table, le maître d'hôtel, le sommelier, le garçon de table, peut-être même le chef en personne pour des clients importants. Dans certains petits restaurants, le patron accueille les habitués pour qu'ils se sentent davantage chez eux.

Les expertes en parfum de la maison Guerlain, comme celles de tous les grands parfumeurs, aident la cliente à choisir une fragrance qui la révèle. Les conseillers des boutiques de luxe sont particulièrement stylés, et on leur a toujours demandé de pousser très loin le sens du détail, par exemple, « les petites mouillettes ornées d'un fin dessin représentant les arcades du palais Royal et sur lesquelles on écrit, à l'encre et à la main, le nom du parfum que l'on vient de vous faire sentir, dans les salons Shiseido à Paris ». Ce souci du détail est d'ailleurs une pratique qui commence à se répandre un peu partout dans le commerce, preuve que le client est de plus en plus exigeant et, surtout, beaucoup plus difficile à séduire : « Chez 1-2-3, on plie les vêtements dans un double papier rose fuschia [*sic*], et on scelle le tout avec une étiquette au nom de la boutique[23]. » Chez Simons, une chaîne québécoise de boutiques qui offre des articles mode à prix concurrentiel pour les jeunes, des produits mi-gamme et quelques-uns haut de gamme, le vendeur ou la vendeuse quitte sa caisse pour remettre son achat en main propre au client. À l'époque de Noël, tous les achats sont emballés dans de jolies boîtes vertes portant en relief le logo de l'entreprise, une feuille ; à l'intérieur, le vêtement est soigneusement emballé dans un papier de soie blanc frappé de la feuille verte, le tout étant retenu par un autocollant, une autre feuille verte. Autre exemple de relation, le site web du parfum Insolence vous permet d'« envoyer une carte électronique Insolence à la personne de votre choix ».

Dans le domaine touristique, l'exemple le plus frappant que je puisse citer, pour avoir été témoin du soin que l'on porte au moindre détail, est celui de l'hôtel La Fenice et Des Artistes, situé à côté du célèbre théâtre La Fenice, pas très loin de la Piazza San Marco, à Venise. Lorsque vous entrez dans votre chambre en fin de soirée, la robe de nuit de Madame a été soigneusement et artistiquement étalée sur le lit et un chocolat déposé sur chaque oreiller. Un rêve !

Les attentes sociétales

L'attente *sociétale* découle des préoccupations d'un nombre croissant de personnes pour les questions de préservation des écosystèmes, de lutte contre la pollution, de réduction des gaz à effet de serre, de responsabilité sociale des entreprises, d'équité sociale, etc.

Dans une publication mensuelle récente, l'Institut français de la mode annonçait : « La préoccupation du

23. M.-C. Sicard, *Luxe, mensonges et marketing, Mais que font les marques de luxe ?*, Paris, Pearson Éducation France, 2003, p. 103.

développement durable va influencer de plus en plus les approvisionnements textiles : alors que le consommateur compose individuellement avec ses contradictions (préoccupations éthiques, mais recherche du prix le plus attractif), le développement durable commence à s'affirmer comme valeur collective. La pression conjointe des opinions occidentales et de la réglementation impose de nouvelles contraintes à la chaîne d'approvisionnement, telles la mise en réseau des audits sociaux et l'application toute récente de la législation Reach[24]. » Cette réglementation européenne, adoptée en décembre 2006 par la Commission européenne et entrée en vigueur le 1er juin 2007, « vise à améliorer la protection de la santé humaine et de l'environnement tout en préservant la compétitivité de l'industrie chimique de l'UE et sa capacité à innover[25] ».

Si Guerlain ne dit rien de particulier de son parfum Insolence en rapport avec les attentes *sociétales*, le site de ce grand parfumeur parisien en dit long sur le soin apporté à la sélection des composantes de tous ses parfums, essentiellement issues de la nature : « Jean-Paul Guerlain, comme ses ancêtres, privilégie les essences naturelles considérant les produits de synthèse comme des compléments. » Jean-Paul Guerlain parcourt le monde à la recherche des plus belles matières premières pour la composition de ses parfums. Dans le site Guerlain on lit : « Aller sur place, contrôler, choisir les matières premières qui composent nos parfums est pour moi la seule et unique façon de perpétuer la tradition et la qualité Guerlain. Je vais acheter ma bergamote à Reggio di Calabria, mon Ylang Ylang dans mes plantations à Mayotte, mon jasmin et mon Santal en Inde... »

Le « Love Day » de Cartier est un autre exemple de réponse aux attentes sociétales : « Suite au succès du Love

24. La *Lettre économique* de l'IFM, juin 2007, nº 149, P.05.

25. Site de la Commission européenne, consulté le 30 juillet 2007 : <http://ec.europa.eu/enterprise/reach/index_fr.htm>.

Day le 8 juin 2006, lit-on dans le site de l'entreprise, Cartier a décidé de célébrer cet événement chaque année à la même date et partout dans le monde. À cette occasion Cartier a donné 10 % de ses ventes de la collection Love à des organisations caritatives. Cette campagne de soutien international reflète parfaitement l'esprit de la collection Love. L'amour pour sous forme de donations qui font des porteurs de Love les acteurs d'un geste généreux. » Certains diront que je suis trop suspicieux, mais je m'interroge sur la part de la générosité et celle de l'opportunisme dans ce geste. Autrement dit, le Love Day aurait-il été lancé en 2006, sans la montée actuelle des attentes sociétales ? Alors que la vaste majorité des attentes sont issues des efforts de commercialisation des entreprises, les attentes sociétales, elles, résultent d'une prise de conscience collective qui couronne une évolution des valeurs et des efforts de sensibilisation de quelques organismes ; dans ce cas, ce sont les entreprises qui sont à la remorque des clients.

Parmi les attentes sociétales, il faut également considérer le désir d'acheter des produits du terroir, qui se vendent un peu plus cher. En 2007, au Québec, le consommateur semble vouloir privilégier les produits alimentaires locaux à ceux issus de la culture biologique ; maintenant que la ferveur indépendantiste semble vouloir s'essouffler, comme le démontrent certains sondages, les Québécois ont-ils reporté sur leurs éleveurs et agriculteurs leur passion nationaliste ? En tout cas, « l'achat directement à la ferme et dans les marchés locaux a le vent dans les voiles, alors que le nombre de producteurs québécois certifiés bio stagne[26] ». Selon Gérard Bouchard, président de la Fédération de l'agriculture biologique du Québec, le problème des producteurs bio est attribuable à la

26. S. Bérubé, « L'achat local fait de l'ombre au bio », *La Presse*, 27 juillet 2007, p. A2.

« confusion sur la provenance des produits biologiques », Californie, Europe, Amérique du Sud... ou Québec, l'origine n'étant indiquée ni sur les emballages ni aux étalages. Avec la frénésie qui entoure le protocole de Kyoto, il ne serait pas étonnant de voir le consommateur accorder une importance décisive au transport du produit sur de longues distances, ce qui engendre de grandes quantités de gaz à effet de serre, plutôt qu'à une certification « bio » dont on peut douter, à cause des multiples labels, et dont les bienfaits sont encore plus hypothétiques. Les attentes des gens sont dans l'ensemble en restructuration constante ; les attentes sociétales le sont encore davantage, car elles sont liées à l'imaginaire collectif du moment. Le bio avait la cote il y a quelques années, mais la tempête médiatique autour du protocole de Kyoto a propulsé les préoccupations pour les gaz à effet de serre à l'avant-scène, reléguant le bio au second plan.

Les attentes esthétiques

L'attente *esthétique* désigne une exigence en rapport avec la beauté, un concept qu'Umberto Eco définit ainsi : « " Beau " — ainsi que " charmant ", " joli ", " merveilleux ", " sublime ", " superbe ", etc. — est employé pour indiquer quelque chose qui plaît. En ce sens, le Beau est égal au Bon, et les diverses époques historiques n'ont pas manqué d'établir un lien étroit entre ces deux concepts. Cela dit, si nous jugeons à partir de notre expérience quotidienne, nous appelons " bon " ce qui nous plaît, mais aussi ce que nous voudrions posséder[27]. » Déjà, on voit poindre l'influence du désir, donc de la consommation, sur la beauté. Toutes les cultures et toutes les époques ont promulgué des canons de beauté, mais le propos de ce livre n'est pas

27. U. Eco (dir.), *Histoire de la beauté*, Montréal, Flammarion Québec, 2004, p. 8.

de circonscrire ce qui fait la beauté, ni de relater son évolution à travers les âges. Puisque les gens ont le goût de posséder du beau, je vais plutôt m'appliquer à décrire ce qui est fait d'abord pour susciter des attentes esthétiques vis-à-vis du luxe, pour ensuite y répondre. Auparavant, il est cependant important de souligner l'antinomie qu'introduit la consommation dans les canons de beauté : « Ceux et celles qui vont à une exposition d'art avant-gardiste, qui achètent une sculpture " incompréhensible ", ou participent à un happening sont des *fashion-victims*, ils portent des jeans ou des vêtements de marque, se peignent ou se maquillent en fonction du modèle de Beauté que proposent les magazines, le cinéma, la télévision, bref les mass media. Ils suivent les idéaux de Beauté promus par la société de consommation, celle-là même contre laquelle s'est battu pendant plus de cinquante ans l'art des avant-gardes[28]. »

La mode, celle du luxe en particulier, suscite la naissance d'attentes *esthétiques* nombreuses et surtout instables. Laissons de côté l'aspect changement, nous y reviendrons dans l'analyse des attentes temporelles, et concentrons-nous plutôt sur ce qui fait ce changement, c'est-à-dire le matériau, le design, les textures et les couleurs. La mode vestimentaire est riche en exemples de tous genres destinés à susciter de nouvelles attentes esthétiques. Dans la haute couture parisienne, prenons l'exemple de Louis Vuitton, dont la collection printemps-été 2007 « Moon Beach » pour hommes s'inspire à la fois du Biarritz des années 1920, immortalisé par le photographe Jacques-Henri Lartigue, et de ce que le créateur entrevoit comme monde futur : « Marc Jacobs a imaginé des silhouettes monochromes, jouant de toutes les nuances d'une palette à l'élégance sobre. Bleu franc, entre marine et

28. *Ibid.*, p. 418. En matière de consommation, la beauté est donc en quelque sorte subordonnée à la mode.

Klein, blanc lunaire, mat, nacré ou aux reflets d'argent... Les couleurs sont comme prises avec les éléments, travaillées par le souffle du vent et la lumière du soleil. Pantalons cigarettes qui découvrent les chevilles, bermudas étroits, gilets portés en guise de veste sur des chemises fluides, pulls fins, casquettes en cuir d'esprit hippique : la panoplie du dandy moderne célèbre la légèreté[29]. » Coupes audacieuses, matières et couleurs avant-gardistes, textures variées, sont la marque de ce designer exclusif. Ses modèles deviennent les canons de la mode de la saison.

Le Québec n'est pas en reste ; on y compte maintenant plusieurs designers haut de gamme parmi lesquels Danielle Nault, dont les créations sont vendues dans de nombreuses boutiques de luxe au Canada : « En 1988, elle entre de plain-pied dans le monde de la création avec sa ligne d'accessoires, ciselée dans de luxueux tissus et ornée toute en délicatesse. Mais la vraie aventure commence en 1995 alors qu'elle rencontre le berber, un doux molleton cousin de la fausse fourrure : c'est le coup de foudre ! Séduite par les textures duveteuses, elle craque pour le sherpa, les tricots brossés, les velours, les fausses fourrures, les lainages bouclés... Ces tissus, qui respirent le confort, lui soufflent des images de vestes, de pullovers, de capes, tuniques et de maxi manteaux douillets[30]. » Séries limitées, savant mariage de textures, de tissus et de couleurs et coupes inédites, tout se conjugue pour charmer une clientèle qui s'étend maintenant au-delà des frontières.

Quant au parfum Insolence, son flacon, aux formes à la fois classiques et hardies, qui évoque « un tourbillon, un envol, une pirouette », l'ambre de sa robe et le platine

29. Site de Louis Vuitton, consulté le 31 juillet 2007 : <http://www.louisvuitton.com/>, onglet France, catalogue homme.

30. Site de Danielle Nault, consulté le 31 juillet 2007 : <http://www.daniellenault.com/scrapbook.html>.

du cercle porte-nom, deux couleurs riches, participent, nous l'avons vu, aux attentes symboliques, imaginaires et sensorielles ; ces éléments contribuent à construire une image de chic, de beauté, tout à la fois stimulation d'une attente esthétique et réponse à celle-ci.

Les attentes informationnelles

L'attente *informationnelle* désigne l'exigence d'avoir accès à des avis, des instructions, des renseignements, des nouvelles, l'opinion d'autres usagers, concernant le produit ou l'entreprise. Ces informations concernant l'éthique de l'entreprise, la composition du produit, ses usages, son mode d'emploi, les dangers inhérents à son utilisation, etc., doivent être conviviales, objectives le plus possible, récentes et complètes. Par exemple, nous avons vu dans l'analyse des attentes sociétales que le client a désormais des préoccupations d'ordre éthique ; des informations sur la provenance des matériaux, la main-d'œuvre employée, les conditions de travail, etc., sont des informations que le consommateur souhaite voir divulguer. Même si, à elles seules, ces dernières ne constituent pas une raison suffisante pour acheter le produit, leur absence en revanche peut constituer un frein à l'achat. Dans le cas des produits de luxe, d'autres informations prennent une importance capitale. Ce devoir d'informer le client explique pourquoi même les produits de grand luxe qui n'ont historiquement pas fait appel à la communication de masse disposent maintenant d'un site web, ce que nous venons d'ailleurs de constater avec l'exemple de Louis Vuitton.

Reprenons l'exemple du parfum Insolence. Dans la rubrique « Fragrance », on trouve la composition de celle-ci ; cette information permet déjà à un acheteur éventuel de savoir si le parfum lui convient… ou pas. Dans la même rubrique, les paroles des créateurs d'Insolence sont d'autres renseignements qui peuvent influencer le client, ajoutant un certain prestige au produit. La rubrique « Flacon » informe des choix de concentration et de format qui lui sont proposés. La rubrique de l'actrice choisie, Hilary Swank, pour représenter la femme Insolence, joue un peu le même rôle que celle des créateurs, mais permet de plus au client de se forger une image mentale ; la photo et le texte proposent un modèle féminin que certaines voudront suivre, un rôle dans lequel certains voudront voir leur compagne. Dans la rubrique « Communication », l'interview avec Hilary Swank est une forme de « newstainment » ou d'information romancée, à laquelle nous a habitués le journal télévisé ; c'est un peu le pendant électronique des publireportages que l'on trouve dans les journaux. Dans le cas d'Insolence, même si on sait que l'information n'est pas tout à fait objective, l'interview permet au spectateur de pénétrer dans l'intimité de l'actrice, de connaître ses motivations à incarner ce parfum. Enfin, la rubrique « Contact », dans l'esprit d'interactivité qui caractérise internet, offre au visiteur la possibilité d'exprimer son opinion en expédiant un mail, non pas à une fonction, par exemple le service à la clientèle, mais à une personne, une touche plus personnelle. Ceux et celles qui le désirent pourront même recevoir des conseils en remplissant le formulaire prévu à cette fin.

Davantage d'informations sont habituellement requises dans le cas des produits de beauté ; leur usage approprié et le mariage harmonieux des couleurs exigent des connaissances que certaines femmes n'ont pas, ou du moins craignent de ne pas bien maîtriser. La satisfaction des attentes de la cliente à cet égard nécessite tout d'abord, modernité oblige, un site internet très détaillé ; celui de Lancôme[31], une maison réputée pour ses cosmétiques, bien qu'elle commercialise également des parfums, est un

31. Site de Lancôme, consulté le 1er août 2007 : <http://www.lancome.ca/_fr/_ca/index.aspx?>.

excellent exemple de ce que j'avance. Je n'insiste pas sur la description de tous les produits, une fonction trop élémentaire, bien qu'essentielle. Sur le plan de l'information fournie, la particularité la plus remarquable de ce site web tient au fait d'offrir une série d'applications en vidéo, expliquant comment les produits doivent être utilisés. Un personnage animé, sorte d'avatar non personnalisé, démontre de façon très détaillée toutes les gestuelles requises pour appliquer correctement les différents produits. Tout y passe : maquillage, soin du visage et du corps et entretien capillaire. Malgré son utilité évidente, ce site internet ne pourra jamais satisfaire les attentes de toutes les femmes ; au comptoir, une esthéticienne vient personnaliser l'information. Outre le fait de conseiller la cliente sur les produits essentiels aux soins de sa peau et sur les coloris qui conviennent à son teint, et respectent les tendances du jour, elle pourra encourager l'achat d'autres produits, ce qu'on appelle une vente croisée ou complémentaire. Par exemple, à la cliente venue acheter un rouge à lèvres, on propose également le crayon pour bien définir le contour de la bouche.

Les acheteurs de véhicules automobiles requièrent également plus d'information, mais nous traiterons cette question dans le prochain chapitre. Passons donc tout de suite aux attentes temporelles.

Les attentes temporelles

L'attente *temporelle* est en relation avec le passage du temps des jours, des semaines, des mois ou des années ; elle peut aussi viser à immortaliser l'instant présent ou encore à suspendre le temps. De la planification d'un programme d'épargne échelonné sur plusieurs années en vue d'un achat important, une résidence par exemple, au choix du terme d'un emprunt, la consommation place l'individu devant un grand nombre de décisions liées au temps. La relation de l'individu au temps s'est transformée, un phénomène qui se manifeste de multiples façons. Premièrement, nous l'avons dit, les *echo-boomers* sont habitués à la vitesse, voire à l'instantanéité ; cela se reflète sur leur consommation. L'*immédiateté* dans la satisfaction des désirs est le changement le plus notable de la première décennie du vingt et unième siècle dans notre relation avec le temps ; c'est l'attente *temporelle* qui caractérise le mieux les *echo-boomers*… mais aussi des personnes d'autres générations. « Consommer maintenant, payer plus tard », voilà la devise de plusieurs dans la société d'hyperconsommation d'aujourd'hui.

Voici une petite anecdote qui, je pense, saura illustrer mieux que n'importe quel exemple l'instantanéité que nous attendons de notre monde. J'étais allé faire quelques courses au supermarché. En ressortant mes achats à la main, pressé par les travaux qui m'attendaient et trouvant que l'ouverture automatique de la porte vitrée ne se faisait pas assez rapidement, j'ai tenté, sans succès bien sûr, d'accélérer l'ouverture en utilisant la commande à distance de mon véhicule. L'homme veut désormais dominer son environnement, plier les objets à sa volonté au moment même où se forge sa pensée.

Notre époque se caractérise également par le changement accéléré, ce qui favorise l'éclosion d'attentes visant un renouvellement rapide des produits ; la mode vestimentaire est particulièrement influencée par ce phénomène. Conscients de ce désir de nouveauté et confrontés à la nécessité de se distinguer et de faire montre de leur génie innovateur, les designers de mode renouvellent sans cesse leurs collections pour « donner envie de changer de robe [...], deviner ce qui va plaire, provoquer un nouvel achat, satisfaire le désir de nouveauté, stimuler la pulsion de consommation[32]. »

32. M.-C. Sicard, *op. cit.*, p. 200.

Les produits de luxe visent à transporter le client hors du temps, à concrétiser le rêve d'immortalité que caressent plusieurs. Les mots d'Olivier Dahan, réalisateur des films présentés sur le site Love de Cartier, illustrent bien cette stratégie : « Ce qui m'a paru intéressant est qu'il existe des centaines de preuves d'amour, mais qu'à l'échelle du temps, de l'éternité, ces preuves d'amour se signent sur une vie entière, ou sur une fraction de seconde. » Promesse d'un amour éternel, je l'ai déjà dit, mais avant tout invite à succomber sur-le-champ au désir suscité par l'émotion du moment, sans prendre le *temps* de réfléchir.

S'inspirer des tendances d'un autre âge est aussi une stratégie en lien avec le temps, utilisée par des créateurs d'objets de luxe ; le passé et le futur peuvent être porteurs de symboles prometteurs pour des personnes insatisfaites du présent. Les objets du passé ajoutent une autre temporalité au monde moderne : « Pourtant, il [l'objet ancien] n'est pas fonctionnel ni simplement "décoratif", il a une fonction bien spécifique dans le cadre du système : il signifie le temps[33]. » Ainsi, la collection printemps-été 2007 « Moon Beach » pour hommes de Louis Vuitton est inspirée du Biarritz des années 1920. Une boutique française a même pris le nom Hors du temps[34] ; sur le thème « La décoration du dix-neuvième au vingt et unième », on y propose de la vaisselle et des articles de décoration inspirés d'une autre époque. Même si ce ne sont pas de véritables antiquités, le symbolisme historique demeure.

Dans notre monde d'hyperconsommation, le temps est parfois suspendu. Les amateurs de jeux vidéo savent bien de quoi je parle. Dans le monde virtuel d'un jeu

33. J. Baudrillard, *Le système des objets. La consommation de signes*, Paris, Gallimard, 1968, p. 90.

34. Site Hors du Temps, consulté le 1er août 2007 : <http://www.horsdutemps.com/v2/index.phtml>.

vidéo, le temps n'existe plus, ou du moins, le joueur n'a plus conscience du passage du temps. Absorbé par l'action qui se déroule, et par les actions et décisions requises pour atteindre les objectifs du jeu, dans certains cas incarné dans un avatar, l'acteur (le mot n'est pas trop fort, car la personne tient un ou plusieurs rôles) vit au rythme imposé par le jeu, dans un temps qui ne lui appartient plus et qui n'est pas celui du monde réel ; voilà qui explique qu'une séance entreprise à 19 h peut se poursuivre passé minuit, sans que le joueur en ait conscience.

On est en droit de se demander si ce phénomène de suspension du temps n'est pas, pour certains, également présent dans la consommation. Kevin Robins fait l'hypothèse que la consommation met en jeu, entre autres, un phénomène de substitution d'une réalité altérée ou compensatoire à une réalité quotidienne trop pénible[35]. Mes propres travaux ont d'ailleurs démontré cette valeur *compensatoire* de la consommation pour les personnes dont l'estime de soi est faible[36]. À l'époque, je ne m'étais cependant pas penché sur l'aspect temporel de la question.

35. K. Robins, « Forces of Consumption : From the Symbolic to the Psychotic », *Media, Culture and Society*, vol. 16, 1994, p. 449-468.

36. B. Duguay, *Consommation et image de soi*, *op. cit.* ; et *L'image de soi et la consommation*, *op. cit.*

CHAPITRE 4
L'invasion du luxe

Jusqu'au milieu du dix-neuvième siècle, le luxe est réservé à une élite ; ses objets sont produits sur commande du client, noble ou bourgeois. À partir de ce moment, on change de paradigme. L'artisan, naguère soumis aux caprices de sa clientèle prend désormais l'initiative, il devient un artiste dont on s'arrache les créations. Lipovetsky cite l'exemple de la haute couture, en la personne de Charles Frédéric Worth : « La rupture avec le passé est nette. Tandis que les modèles sont créés en dehors de toute demande particulière, le grand couturier apparaît comme un créateur libre et indépendant. Il était aux ordres, il impose maintenant souverainement ses modèles et ses goûts aux clientes métamorphosées en consommatrices dépossédées d'un réel droit de regard[1]. » Ce « grand luxe » existe toujours, mais il est hors de prix, l'apanage des richissimes de ce monde.

Ce changement de paradigme coïncide avec l'avènement de l'ère industrielle. La combinaison de ces deux

1. G. Lipovetsky et É. Roux, *Le luxe éternel. De l'âge du sacré au temps des marques*, Paris, Gallimard, 2003, p. 47.

facteurs favorise l'apparition d'un autre phénomène : la *démocratisation du luxe*. Lipovetsky parle du « demi-luxe » ou du « faux luxe[2] ». Et, certes, les objets en question font appel à des matériaux moins nobles, du similibois plutôt que du bois véritable par exemple, sont souvent de pâles imitations et se vendent bien sûr à un prix « dérisoire » quand on le compare à celui de l'original. Aux yeux de l'acheteur, ils n'en demeurent pas moins des articles de luxe, aptes donc à satisfaire ses attentes de tout ordre.

La course actuelle au luxe engendre des absurdités. Le luxe ayant la cote, les produits « de luxe » ne sont plus les seuls pour lesquels on fait appel au vocable « luxe » dans les communications ; conscientes que le luxe se vend bien, quantité d'entreprises utilisent maintenant ce terme pour vendre tout et n'importe quoi. Tel feuillet publicitaire, par exemple, annonce des produits pour le bain et le lit à coups de « le grand luxe jusqu'à 60 % moins cher ». Un autre marchand annonce sur le web un « papier hygiénique de luxe très moelleux[3] ».

Cette démocratisation du luxe reste, cela dit, toute relative ; le luxe est tout de même encore réservé à des privilégiés — surtout si on envisage la question sur le plan mondial. D'ailleurs, plutôt que d'affirmer que le luxe s'est démocratisé, il serait sans doute préférable de dire que les fabricants de biens et les fournisseurs de services ont modifié les caractéristiques des produits « standards », de façon que ceux-ci répondent aux attentes d'une clientèle qui souhaite imiter ceux qu'elle a pris pour modèles, acteurs de cinéma, champions sportifs et autres vedettes ayant obtenu un statut grâce à la complicité des médias.

---

2. *Ibid.*, p. 49.

3. Site de Nettoyants écologiques, consulté le 22 août 2007 : < http://www.nettoyants-ecologiques.com/achat/index.php?catid=58 >.

Pour atteindre le bonheur, l'épicurisme préconisait la limitation des désirs pour des biens matériels. La chose semble plus facile à dire qu'à faire. Abraham Maslow affirme que la satisfaction des besoins est toujours passagère, que l'être humain désire toujours quelque chose[4], et sa théorie de la motivation démontre son souci de voir l'individu évoluer vers des préoccupations d'un niveau supérieur à celui d'une simple satisfaction des désirs matériels pour assouvir ses besoins d'une façon durable. Toutes les religions prêchent depuis des siècles les vertus de la pauvreté, du détachement des possessions matérielles et le souci d'autrui. Faut-il ne voir qu'une coïncidence dans cette préoccupation commune pour un détachement des biens temporels ? Faut-il également ne voir qu'une coïncidence dans le fait que la société de consommation n'a véritablement pris son essor que dans les années 1950, après un affaiblissement de l'influence des religions, en Occident du moins, et une individualisation des valeurs ? Je ne crois pas ! J'y vois au contraire un lien direct de cause à effet. Le luxe n'est pourtant pas mauvais en soi ; ce sont les comportements abusifs de commercialisation et de consommation de luxe qui ont perverti l'esprit de ce dernier.

Le luxe : ses origines et sa perversion

Selon Lipovetsky, le luxe a toujours existé, même dans les sociétés les plus primitives, au sein desquelles il prend naissance, non pas dans l'objet, mais dans le désir de dépenser. Évoquant les travaux de Sahlins, il écrit au sujet des chasseurs-cueilleurs du paléolithique : « Leurs habitations comme leurs habillements sont rustiques, leurs ustensiles peu nombreux. Mais s'ils ne fabriquent

4. A. H. Maslow, *Motivation and Personality*, New York, Harper & Row, 1954, p. 69.

pas de biens de grande valeur, cela ne les empêche pas, à l'occasion des fêtes, de se parer et d'admirer la beauté de leurs ornements. De surcroît et surtout, de vivre dans une sorte d'abondance matérielle, de faire bombance lors des fêtes, de jouir de temps libre et d'une alimentation suffisante acquise sans grand effort. Affichant une attitude d'insouciance délibérée envers le lendemain, ils festoient et consomment en une seule fois tout ce qu'ils ont sous la main plutôt que de constituer des stocks alimentaires[5]. »

À cet « esprit de dépense » s'ajoute, dans des sociétés plus riches disposant de biens d'une certaine rareté, le rite symbolique du don. Échange d'objets de valeur entre tribus indigènes pour assurer de bonnes relations, munificence du chef envers sa tribu pour maintenir son rang, destruction de biens précieux dans la recherche de prestige, dépenses excessives à l'occasion de fêtes religieuses pour s'attirer la bienveillance des puissances de l'au-delà... On le voit bien, la logique du luxe primitif repose sur la circulation et le détachement des biens précieux plutôt que sur leur accumulation. Le luxe contribue à redistribuer la richesse et à tisser des liens.

L'avènement de l'État et d'une structure sociale de classes provoque une rupture dans cette logique ; dans les sociétés ainsi organisées apparaissent « de nouvelles logiques d'accumulation, de centralisation et de hiérarchisation[6] ». Les grandes organisations religieuses également qui, encore aujourd'hui, exercent dans certains pays un pouvoir au moins aussi considérable que les gouvernements. Elles ont par ailleurs rivalisé avec l'État civil dans le déploiement de faste.

Dans cette perspective, si la soif de dépenser prévaut toujours, s'y ajoute maintenant la volonté de dominer les

5. G. Lipovetsky et É. Roux, *op. cit.*, p. 22. Voir aussi M. Sahlins, *Âge de pierre, âge d'abondance*, Paris, Gallimard, 1976.

6. *Ibid.*, p. 29.

autres. Loin de participer à une répartition de la fortune, le luxe consacre dès lors les inégalités, symbolise la primauté d'un petit nombre de favorisés sur une vaste majorité de démunis. Encore ici, ce n'est pas dans l'objet qu'origine le luxe, mais dans des désirs humains, la soif de pouvoir et la possession de biens qui symbolisent ce pouvoir. Même si certains lient la consommation de luxe à la richesse, je préfère la lier au pouvoir, car la richesse n'est à mon sens qu'un instrument de pouvoir.

C'est ainsi que sont apparus les palais à l'époque des pharaons en Égypte et de la royauté dans différents pays d'Europe, les résidences de chefs d'État… Si les révolutions françaises de 1789, 1830 et 1848 ont corrigé les inégalités et injustices les plus flagrantes, il faut bien convenir qu'elles n'ont rien changé dans le déploiement de richesses ; une autre classe dirigeante s'est vite approprié les biens confisqués à celle qui l'a précédée. Le même phénomène s'est d'ailleurs produit lors de la révolution de 1917 en Russie. Qu'il soit exercé par un pharaon, un roi, un despote, des élus dans nos démocraties ou une hiérarchie religieuse, le pouvoir fait usage de luxe pour affirmer son autorité.

Il ne faut donc pas s'étonner de voir de nos jours tout un chacun acquérir des symboles de luxe : résidences et véhicules démesurés, vêtements griffés et même du faux luxe, des copies de marques exclusives de grand luxe, Lancel et Vuitton par exemple. Dans notre société ultra individualiste, un nombre croissant de personnes veulent briller davantage que leur voisin, non pas du fait de leurs œuvres, mais grâce à l'artifice des symboles du luxe. Cette tendance est d'ailleurs favorisée par les vendeurs de biens et services de tout acabit qui apposent sur leurs produits l'étiquette « luxe ».

Voyons maintenant quelques exemples de ces produits qui, au vingt et unième siècle, dans un monde d'hyperconsommation, nourrissent la spirale inflationniste de symboles du prestige, permettent à chacun de satisfaire une envie de briller pour ne pas rester dans l'anonymat, ou encore, comme nous venons de le voir, d'assouvir un désir plus profond de dominer les autres, au moins symboliquement.

La performance et la démesure

Le goût du luxe se porte souvent de nos jours sur les attributs de la performance : performance d'un véhicule, d'une chaîne stéréophonique, d'un ordinateur... et même d'une poussette, comme nous le verrons bientôt ! Les modèles de luxe ou haut de gamme sont la plupart du temps plus performants. Nous vivons dans un siècle où la performance est vénérée, au point où l'individu l'a transposée dans son registre personnel. Il ne suffit plus de se maintenir en bonne santé moyennant une alimentation saine et un peu d'exercice ; on doit pratiquer une activité ou un sport dans lequel on excelle et y afficher tous les symboles de cette performance, en y faisant participer ceux qu'on aime, même si ce ne sont encore que des bébés.

Le modèle de poussette haute performance X-Country CX-1 de la compagnie Chariot Carriers est à la hauteur des plus hautes ambitions. Pour environ mille dollars, vous pouvez continuer votre entraînement dans la nature avec votre nourrisson. Rien n'y manque : freins à tambour jumelés, jantes de roues sport légères en aluminium, cadre également en aluminium avec suspension réglable, harnais pour l'enfant, guidon ergonomique. Ce transporteur pour enfants est à la poussette traditionnelle ce que la F1 est à la voiture automobile. Pour le bébé, le port du casque est évidemment conseillé.

Trois choses sont à retenir ici à propos de cette poussette. Tout d'abord, le fait qu'il s'agit bien d'une forme de luxe, puisque des modèles de très bonne qualité existent sur le marché pour environ le tiers de son prix. Mais il y a aussi des modèles d'une qualité un peu moindre à des prix bien inférieurs. Une poussette pour le jogging est même offerte chez Wal-Mart à un prix légèrement supérieur à cent cinquante dollars et un modèle plus traditionnel chez HBC à un peu plus de cent dollars. Il faut également considérer le symbolisme, l'image projetée aux yeux des autres.

À un premier niveau, le simple fait de posséder une poussette destinée à faire du jogging comporte une connotation athlétique. Celui qui l'utilise peut certes ne pas être capable de courir plus de cinquante mètres sans faire une pause, il a au moins l'apparence d'un sportif. À un deuxième niveau, l'image de performance de la poussette, construite à travers différentes formes de communication, se transpose à son utilisateur : ce n'est plus un simple sportif, mais un sportif de haut niveau. Cette image pourra être renforcée si le joggeur porte l'uniforme, d'une marque connue, prévu pour la pratique de son sport : T-shirt et cuissard moulants, chaussures haute performance, trousse d'hydratation, etc. À un troisième niveau, la figure emblématique de luxe attachée à la marque, facilement identifiable grâce à son logo, confère un statut économique et social à son propriétaire ou le révèle.

À côté de ces attributs de l'objet, il y a en outre la satisfaction personnelle, que l'on peut également envisager sur trois niveaux. Le plus élémentaire est le simple fait de se faire plaisir, de satisfaire sans attendre un désir, quel qu'il soit. Le deuxième concerne l'estime de soi, la somme des réalisations sur celle des ambitions. Pour certains, l'achat d'un bien est une ambition, un objectif personnel ; la réalisation de cette ambition, l'achat du bien, contribuera à rehausser l'estime de soi. Le troisième est lié à la satisfaction d'appartenir à un groupe de référence, appartenance faite de respect de certaines normes, souvent symbolisées par une marque, un type de produit, un style de vêtement, une couleur, etc.

Il arrive que, plutôt que la performance, ce soit la taille de l'objet qui est connotative de luxe: grosse limousine, vaste maison, grande piscine, etc. Il en est ainsi de ces écrans gigantesques qui trônent maintenant dans certains foyers, parfois dans une pièce plus grande spécialement conçue pour loger ce qu'on appelle désormais le cinéma maison. Un excellent téléviseur à tube cathodique de taille respectable, offrant une image suffisamment grosse pour distinguer facilement les détails et lire le texte à une distance sécuritaire pour les yeux, coûte entre 200$ et 300$ chez Best Buy. Selon des optométristes la distance sécuritaire est d'au moins cinq fois la taille de l'écran; cette distance correspond à la taille d'une pièce moyenne dans la plupart des foyers, pour un téléviseur de 27 pouces. Or, un téléviseur de 52 pouces utilisant la technologie ACL (affichage à cristaux liquides) coûte entre 3 700$ et 5 000$ et doit être visionné à une distance minimale de 21,7 pieds (6,6 mètres). Non seulement le prix est-il entre douze et vingt-cinq fois plus élevé, mais encore faut-il disposer d'une salle de visionnement hors du commun. Pour un téléviseur de 63 pouces (160 centimètres), c'est encore pis; son prix est de 8 000$ et il doit être visionné à une distance minimale de 26,3 pieds (8 mètres). Les consommateurs auraient-ils réclamé à cors et à cris le privilège de regarder leurs émissions favorites sur écran géant? Affirmer que le consommateur achète ce genre de téléviseur parce qu'il a un besoin inné de divertissement est complètement fantaisiste. La vérité est tout autre. Le développement technologique permettant désormais la production d'écrans beaucoup plus grands à moindre coût, les fabricants, capitalisant sur la nature insatiable de l'être humain et sur la tendance actuelle au luxe, suscitent de nouvelles attentes chez le consommateur, stimulent de nouvelles envies.

Les châteaux et fortifications contemporains

Le secteur de la construction résidentielle fournit d'excellents exemples de luxe. Des résidences cossues ont toujours existé; par leur taille, leur architecture, l'usage de matériaux nobles..., elles ne sont pas sans rappeler les palais de jadis. On peut encore les voir dans les quartiers chics ou historiques de toutes les grandes villes du monde.

Ce qui a changé de nos jours, c'est l'invasion du luxe dans des résidences dont le prix indique qu'elles sont destinées à des personnes que l'on peut difficilement qualifier de riches; elles disposent simplement d'un revenu familial égal ou un peu supérieur à la moyenne. Pour séduire la clientèle, dans un monde où le luxe occupe une place prédominante, les promoteurs immobiliers proposent maintenant des modèles de maison dont l'apparence veut rappeler le château. Surdimensionnée, leur architecture offre pignons, faux balcons, lucarnes, escaliers d'accès monumentaux, colonnes... Parfois on donne à l'allée pour la voiture la forme d'un croissant, de manière à pouvoir déposer les passagers devant l'entrée... sur un terrain dont la superficie est inférieure à 7 000 pieds carrés (650 mètres carrés), incluant le bâtiment lui-même. On voit même des constructeurs ajouter des colonnes à la façade d'une maison autrement bien ordinaire, probablement dans un effort de lui ajouter une certaine « classe ».

Il y a là manifestement un désir de briller, de symboliser son rang social, de s'inscrire dans une longue tradition de somptuosité. Dans leur synthèse des travaux sur la relation entre l'image de soi et l'image de différentes catégories de produits, Belk, Bahn et Mayer citent la résidence[7]. Leur étude, menée auprès de neuf cent cinquante-six personnes, démontre l'existence de clichés par rapport à la taille d'une maison : « Les sujets préfèrent ressembler au propriétaire de la grande maison » ; « Le propriétaire de la grande maison est perçu comme étant plus heureux, avec davantage d'amis, et qu'il est plus désirable de le visiter » ; « Le propriétaire de la grande maison est perçu comme ayant davantage de succès ». Bref, les résidences de grande taille sont associées au succès et au statut social. Dans une enquête qualitative, statistiquement moins représentative, les témoignages ne sont pas moins clairs[8]. « Ce à quoi je rêve depuis longtemps », dit telle personne interrogée, « c'est un condo. Sûrement que je ressentirais une certaine fierté, parce que c'est quelque chose dont j'ai rêvé depuis longtemps et je pense que j'ai travaillé fort pour l'avoir. Il y a une certaine fierté d'avoir réussi à réaliser ses rêves. Puis, aussi, j'imagine un grand bonheur et beaucoup de joie, d'extase. » « Ce que j'aimerais avoir, c'est une grosse grosse maison », dit une autre. « Là vraiment, je serais bien dans ma maison. Je pense que je serais une personne vraiment contente... Oui, si on me donnait beaucoup d'argent, j'achèterais la maison de mes rêves. Elle serait grande, spacieuse, avec beaucoup de lumière. Elle serait loin de tout, éloignée. J'essaierais toutes les pièces une par une. Bien, je me sentirais je pense comblée, heureuse. »

Si les motivations des acheteurs de « châteaux » sont évidentes, celles des promoteurs le sont tout autant ; il s'agit d'un cas classique de montée en gamme, ou d'in-

7. R. W. Belk, K. D. Bahn et R. N. Mayer, « Developmental Recognition of Consumption Symbolism », *The Journal of Consumer Research*, vol. 9, juin 1982, p. 4-17.

8. B. Duguay, *L'image de soi et la consommation : la nature compensatoire des produits*, thèse de doctorat en communication, université du Québec à Montréal, 2000.

flation des caractéristiques, soutenue par l'appât du profit additionnel. Cela ne va cependant pas sans problème. Car, pour commencer, il faut pouvoir compter sur une clientèle suffisante. Il se trouve pourtant que tel n'est pas toujours le cas. Par exemple, à Montréal, l'offre de l'immobilier de luxe commençait déjà à dépasser la demande en 2006 : « Malgré un marché immobilier toujours en bonne santé, plusieurs promoteurs peinent à compléter leurs ventes à Montréal, particulièrement dans les immeubles haut de gamme[9]. » Des logements de luxe, pourquoi pas ? À la condition qu'il existe un marché pour les acheter.

Par ailleurs, une offre surabondante de logements de luxe ou haut de gamme peut entraîner des problèmes sociaux : endettement, expropriation, embourgeoisement, etc. Ainsi, les acheteurs d'une première résidence, jeunes ménages ou célibataires, ne peuvent sérieusement envisager l'acquisition d'un logis au prix demandé pour les nouveaux condos de luxe. Enfin, la construction de logis de luxe se fait souvent en transformant la nature de certains quartiers et en en expulsant la population naturelle. L'augmentation fulgurante du prix de l'immobilier a évidemment provoqué un accroissement de la valeur foncière des propriétés. On a vu, à certains endroits, au Canada et ailleurs, des personnes forcées de vendre leur propriété parce qu'elles étaient incapables de payer les taxes foncières, tant celles-ci avaient augmenté pour refléter la valeur augmentée de leur patrimoine. Or, non seulement ces personnes sont-elles chassées d'un lieu où elles résident parfois depuis l'enfance, mais de plus, elles sont incapables d'acheter un autre logis, tant le prix des nouvelles constructions a augmenté ; elles doivent donc se résoudre à devenir locataires, souvent dans un quartier ou une ville où elles

9. I. Audet, « Le luxe en surplus dans l'immobilier montréalais », *La Presse*, section « Mon toit », samedi 4 mars 2006, p. 5.

ne désirent pas forcément habiter, mais qui sont les seuls à offrir un logement à un prix acceptable pour elles. On a vu ainsi des quartiers entiers changer de vocation. À Montréal, le secteur du plateau Mont-Royal est un bel exemple de ce phénomène ; autrefois quartier ouvrier, il est devenu un quartier de prédilection pour les jeunes professionnels dynamiques et fortunés. Naturellement, il ne s'agit pas de protéger des ghettos pauvres, de maintenir des populations moins bien nanties dans des quartiers délabrés. Mais il est manifeste que l'appât du gain fait qu'on attend que des quartiers entiers soient devenus insalubres pour en acquérir le parc immobilier à vil prix puis le revendre à des clientèles dont le comportement d'achat est guidé par le désir de luxe.

Comme dans d'autres secteurs, la démesure règne dans l'immobilier ; les promoteurs avides de profits proposent des concepts de prestige, suscitent des attentes élevées chez les acheteurs ; le marché se voit aspiré dans une spirale de luxe, une hausse du prix qu'aggrave la spéculation immobilière. En définitive, la classe moyenne qui avait accédé au statut de propriétaire dans les années 1950 voit maintenant cet acquis menacé. En fait, l'immobilier met en évidence un phénomène de polarisation des classes ; d'un côté des riches de plus en plus privilégiés et de l'autre des pauvres de plus en plus défavorisés, la classe moyenne s'étant quant à elle appauvrie, exception faite d'un petit nombre qui a accédé à la classe supérieure. La construction de véritables villes refuges, hors société, réservées à ceux qui ont de l'argent, vient exacerber cette fracture.

Si les souverains d'autrefois construisaient des remparts pour protéger leurs châteaux des invasions ennemies, les riches et les pseudoriches d'aujourd'hui se regroupent dans des « villes closes » (*gated cities*)[10], sortes

10. Site de la revue française Sociétal, consulté le 4 juin 2007 : < http://www.societal.fr/article/article.asp?cid=19002 >.

de paradis résidentiels. On dit aussi souvent « communauté close », mais alors que « ville » renvoie à la notion d'agglomération, un terme plutôt neutre sur le plan social, « communauté » évoque la notion d'intérêt collectif, ce qui rend mal l'esprit individualiste, voire égoïste, sous-jacent à ce mode de développement urbain.

Les barbares d'autrefois sont maintenant les moins bien nantis, les exclus sociaux, les délinquants et autres vilains, que l'on ne veut pas voir envahir l'espace que l'on habite. Le phénomène n'est pas récent. Certains situent en effet sa naissance à la fin du dix-neuvième siècle, mais c'est plutôt dans les années 1960 qu'il s'est répandu dans plusieurs États américains. Ainsi, dès 1968, la ville de Canyon Lake, en Californie, commençait à planifier ce type de développement urbain. Certaines de ces villes se disent davantage démocratiques, c'est-à-dire que des résidences somptueuses peuvent y côtoyer des maisons soi-disant « abordables destinées aux familles », des qualificatifs dont le sens exact reste à préciser.

Voici la définition que proposent d'une ville close Atkinson, Blandy, Flint et Lister : « Ces "communautés" consistent en un développement résidentiel qui limite l'accès public par des murs, des grilles et parfois des systèmes de sécurité qui peuvent employer des gardes et/ou des caméras de télévision en circuit fermé. Elles sont également fondées sur des constitutions sociolégales qui les différencient, par exemple, des tours résidentielles avec concierges ou des maisons particulières avec des grilles. Ces conditions forment des contrats stricts pour les propriétaires et créent des formes de gouvernance privée du voisinage où la sécurité d'une ville close est échangée contre une certaine perte d'autonomie personnelle. Les villes closes créent des véhicules de microgouvernement dans lesquels les biens civiques, comme la sécurité et les services environnementaux, sont de plus en plus fournis par le privé. Puisque les villes closes sont des espaces privatisés, une formulation sociolégale est nécessaire pour percevoir des frais administratifs afin de payer les services environnementaux et l'entretien de l'infrastructure commune[11]. »

Les villes closes visent donc avant tout la sécurité ; c'est d'ailleurs en réponse à la criminalité qu'elles se sont d'abord implantées en Afrique du Sud et aux États-Unis. Le phénomène est resté relativement discret jusque dans les années 1980 ; il a explosé dans la décennie qui a suivi et a commencé à s'étendre à d'autres pays au tournant du vingt et unième siècle. Cette approche a pour effet de créer des enclaves fortement sécurisées, réservées à une élite plus ou moins fortunée ; en d'autres termes, des ghettos de riches. On a craint que les mesures de sécurité prévalant dans les villes closes ne provoquent une recrudescence de la criminalité dans les secteurs adjacents ; or, il n'en est rien. Au contraire, l'expérience démontre que le taux de criminalité y est souvent aussi bas que dans l'enclave. Par contre, la perception de sécurité accrue demeure et est utilisée comme argument de vente ; on exploite donc le sentiment d'insécurité dans un but mercantile. Qui plus est, l'exploitation irresponsable du sentiment d'insécurité provoque un accroissement de la peur du crime chez les résidents des villes closes et une méfiance à l'égard des communautés externes. Autrement dit, on crée une mentalité d'assiégé et on favorise l'apparition d'un clivage interne / externe entre les communautés. L'ostracisme social que provoque l'existence d'une ville close engendre chez les populations environnantes des sentiments « qui vont de la colère et du ressentiment à la conviction qu'il n'y a là aucune contribution à la vie locale

11. R. Atkinson, S. Blandy, J. Flint et D. Lister, *Gated Cities of Today: Barricaded Residential Development in England*, Economic and Social Research Council, Centre for Neighbourhood Research, rapport nº 21, août 2004 < http://www.neighbourhoodcentre.org.uk/research/ >.

élargie[12]. » Évidemment, le sentiment de ségrégation est encore pis lorsque le milieu environnant est défavorisé.

La ville close est une forme de luxe, dont il est urgent d'encadrer le développement, voire de l'interdire, comme l'a fait le Nouveau-Brunswick, au Canada. Chacun a le droit au luxe, mais comme tous les droits, celui-ci doit être exercé de façon responsable. Comme ils l'ont toujours fait, les gens riches peuvent acheter des résidences luxueuses, dans des quartiers huppés ; ils peuvent même déjà habiter des immeubles, voire des complexes immobiliers, hautement sécurisés. Une forme de ségrégation sociale existe déjà ; il serait utopique de vouloir l'abolir. Toutefois, est-il responsable de laisser se créer des villes closes, des ghettos privilégiés, qui favoriseront inévitablement l'apartheid et, par le fait même, l'accroissement d'autres ghettos défavorisés, avec tous les problèmes sociaux que cela suppose ?

L'attrait illusoire du véhicule de luxe

Avec la construction résidentielle, l'industrie automobile est une de celles où la montée du luxe s'est fait le plus sentir depuis les années 1990. L'automobile a fait son apparition à la fin du dix-neuvième siècle. La « voiture sans cheval » était alors plutôt une curiosité, un produit tout juste fonctionnel en raison des pannes chroniques ; il s'agissait véritablement d'un luxe réservé aux privilégiés.

Aux États-Unis, un magazine dédié à la voiture, *The Horseless Age*, fait son apparition en novembre 1895. On y trouve la première publicité d'un véhicule construit par un certain Henry Ford qui s'active déjà, avant de créer la compagnie qui porte son nom le 16 juin 1903. Tiré à seulement huit cents exemplaires, ce magazine était réservé à la crème de la société américaine, d'où venaient

12. *Ibid.*, p. 19.

les seuls acheteurs de cette innovation. Ce magazine est lancé dans le but de surmonter les préjugés à l'égard de véhicules non hippomobiles et de donner aux constructeurs d'alors une tribune pour annoncer leurs produits : « Tous les fabricants estimaient nécessaire le fait d'annoncer, pour une raison très pragmatique — la plupart des compagnies qui fabriquaient ou assemblaient des automobiles étaient financées de façon très précaire et avaient souvent besoin de l'argent comptant de la vente d'une voiture afin de construire la suivante[13]. »

Il faut attendre la production de masse pour voir l'usage de l'automobile se répandre *un peu* ; contrairement à la croyance populaire, ce n'est pas Henry Ford, mais Ransom E. Olds, fondateur de la marque Oldsmobile, devenue par la suite propriété de General Motors, qui a construit la première usine faisant appel à la ligne d'assemblage, au début des années 1900 : « Dès 1905 la production avait augmenté à 6 500 voitures par année. » Henry Ford a utilisé ce concept à compter de 1910 pour la production de la célèbre Ford modèle T, née en 1908, pour ensuite introduire le concept de chaîne de montage mobile à l'usine de Highland Park en 1913[14]. Dès 1921 Ford fabriquera 55 % des automobiles vendues aux États-Unis. En France, Henri Citroën fonde la marque du même nom en 1919 ; désireux lui aussi de démocratiser l'automobile, il importe les méthodes de Ford.

Sans la dépression, à la suite du krach boursier de 1929, et la seconde guerre mondiale, l'usage de l'automobile se serait peut-être répandu bien plus tôt. Quoi qu'il en soit, ce n'est que dans les années 1950 que la

13. D. Cohen, *Advertising*, New York, John Wiley & Sons, 1972, p. 60.

14. Site dédié à Henry Ford, consulté le 8 août 2007 : < http://www.hfmgv.org/exhibits/hf/chrono.asp >, Voir également le site de Flint Public Library, consulté le 8 août 2007 : < http://www.flint.lib.mi.us/timeline/autohistory_0798/oldsR.html >.

voiture s'est véritablement démocratisée, devenant même un symbole d'appartenance à une classe moyenne aisée. Dès lors, ce n'est plus un luxe; avec la migration des populations vers la banlieue, elle devient même une nécessité. Jusqu'aux années 1980, les constructeurs américains, qui, comme les trois mousquetaires, sont quatre à cette époque, GM, Ford, Chrysler et American Motors, occupent une position dominante sur le marché nord-américain. Des années 1950 aux années 1980, les voitures de la classe moyenne sont les Chevrolet et Pontiac (General Motors), Fairlaine, Victoria et Mercury (Ford), Plymouth et Dodge (Chrysler), et Rambler (American Motors).

De 1950 jusqu'en 1973, le prix de l'essence demeure inférieur à 0, 50$ USD le gallon américain (environ 3,6 litres); les voitures prennent de l'embonpoint et les moteurs de la puissance. Les chocs pétroliers de 1973 et de 1979 font augmenter le prix de l'essence jusqu'à près de 1,30$ USD en 1981, mais les automobilistes nord-américains bénéficient par la suite d'une accalmie puisque le prix redescend autour de 1,20$ USD, une moyenne qui se maintient pendant toute la fin du vingtième siècle. Les consommateurs sont nombreux à demander de nouveau des voitures plus grosses.

Pourtant, dès le début des années 1970, certains consommateurs de la classe moyenne nord-américaine commencent à chercher une solution aux voitures gloutonnes, et de plus en plus chères, que lui proposent les constructeurs continentaux. La solution viendra d'ailleurs. Les voitures japonaises, plus petites, moins gourmandes et moins chères à l'achat, envahissent le marché. Un yen faible aide à les vendre à un prix défiant toute concurrence tout en maintenant une généreuse marge de profit. Les voitures « démocratiques » sont maintenant les Toyota, Honda et Datsun (aujourd'hui Nissan). Le phénomène se manifeste dans une moindre mesure en Europe où, l'essence ayant été historiquement plus chère, les voitures sont plus petites et les moteurs moins gourmands.

Les grands constructeurs américains sont pris de court. Ayant toujours produit de grosses voitures, ils semblent tout d'abord incapables d'en fabriquer de petites d'une qualité similaire. Ils se rattraperont par la suite. Chez Chrysler, Lee A. Iacocca sera plus visionnaire que les dirigeants des entreprises concurrentes ; il favorise une plate-forme de voiture compacte peu coûteuse et fiable, le K-Car. Comme Ford et Citroën, il est persuadé que le succès passe par la démocratisation du produit. C'est ce principe qui a assuré le succès de la « coccinelle » Volkswagen, de la Citroën 2CV, de la Renault 5, de l'Austin Mini dans sa version d'origine et, plus tard, de la Toyota Tercel et de la Honda Civic. Les deux premières voitures « K », la Dodge Aries et la Plymouth Reliant, connaissent un grand succès malgré leur apparence quelconque.

Toute la leçon est là : une entreprise dont la vocation première a toujours été de servir la classe moyenne doit continuer de le faire malgré les obstacles qu'elle peut rencontrer. Abandonner ce marché et cibler plutôt un marché haut de gamme avec des produits de luxe, dans l'espoir de compenser les ventes perdues et d'augmenter les profits, est une quête illusoire, un exercice voué à l'échec. On ne s'improvise pas marchand de luxe.

Pourtant, dans les années 1980 et 1990, Chrysler et tous les autres constructeurs américains reprennent de plus belle la conception et la production de voitures toujours plus grosses, en réponse à la demande de certains segments de marché. Dans l'espoir de compenser les ventes perdues au profit des concurrents asiatiques, on propose au client des véhicules de plus en plus luxueux… et chers. Même les constructeurs japonais se font prendre dans le mouvement ; leurs voitures commencent à prendre de l'embonpoint et à devenir elles aussi plus luxueuses. Évidemment, le prix de ces véhicules augmente lui aussi, phénomène amplifié par l'appréciation du yen.

Ce mouvement vers le haut de gamme et les véhicules plus gros crée un vide… que les Coréens s'empressent de combler : « L'année 1983 représentait pour Hyundai le moment idéal pour faire son entrée sur le marché canadien. La plupart des constructeurs automobiles avaient en effet abandonné le marché des voitures économiques pour se consacrer aux véhicules haut de gamme, plus coûteux. Ils délaissaient ainsi un important créneau du marché. Les consommateurs désireux d'acheter leur première voiture, comme les étudiants et les jeunes familles, ne trouvaient pas d'automobiles convenables, bien équipées, qui puissent répondre à leurs besoins sans toutefois dépasser leur budget. En comblant ces besoins, le lancement de la Hyundai Pony fut le plus réussi de tous les lancements de voitures importées au Canada. Mais Hyundai n'en restait pas là et confirmait ce succès avec le lancement de la Stellar en 1985 et de l'Excel en 1986[15]. » Ces voitures n'étaient pas toujours les plus fiables, mais leur prix les rendait très attrayantes.

Cependant, vingt ans plus tard, ce même constructeur coréen, ayant maintenant acquis une image de marque, comme les firmes japonaises avant lui, veut donner à ses produits une image de luxe, le prix étant à l'avenant. Hyundai, marque dont le marché traditionnel n'est ni le véhicule de grande taille ni celui haut de gamme, lance un VUS, le Veracruz, et l'annonce comme un véhicule de luxe : « Passez à un niveau de luxe supérieur », peut-on lire dans la description de ce véhicule sur le site web du constructeur.

Le marché milieu et bas de gamme se trouve donc de nouveau négligé. Si on prend la classe des voitures

15. Site de Hyundai Canada, consulté le 13 août 2007 : <http://www.hyundaicanada.com/>.

compactes, une catégorie très populaire au Québec, le consommateur a le choix entre une dizaine de véhicules offerts par des constructeurs nord-américains, japonais et coréens, dans une gamme de prix assez étroite d'environ 14 000 $ CAD à 17 000 $ CAD. Il est vrai, cela dit, que la fourchette de prix indiquée vaut pour un véhicule de base dans sa version la plus dénudée. Un véhicule n'étant pas simplement utilitaire, le client y ajoute la plupart du temps des accessoires, qui font rapidement augmenter la facture à plus de 20 000 $ pour la plupart des véhicules, abstraction faite des offres promotionnelles proposées à l'occasion et pour un temps. C'est d'ailleurs ce que souhaitent tous les constructeurs, qui encouragent le mouvement avec des tactiques comme le fait de réserver les palettes de couleurs les plus originales aux modèles les plus luxueux, les modèles de base devant se contenter des coloris classiques, noir, blanc, beige, gris, bleu, etc.

Quant aux véhicules dits « intermédiaires », une catégorie également très prisée de certains Québécois et de nombreux Américains, leur prix est encore plus élevé. Prenons la Chevrolet Impala, un sedan sport de taille intermédiaire qui existe depuis la fin des années 1950. Ed Cole, l'ingénieur chef de General Motors qui l'a conçue à l'époque, la définissait alors comme « une voiture de prestige à la portée du citoyen américain moyen[16]. » Ce fut une des voitures les plus populaires en Amérique du Nord. Son prix s'échelonne maintenant de 25 000 $ CAD à 35 000 $ CAD. Abandonnant les idées de démocratisation de Ford et de Citroën, la voiture est presque redevenue le luxe qu'elle était à ses origines.

Flairant la bonne affaire, ce sont les Chinois qui s'apprêtent à servir aux Japonais la leçon qu'ils ont eux-mêmes donnée aux Américains dans les années 1980.

16. Site Classic Midsize Car, consulté le 13 août 2007 : <http://www.classicmidsizecar.com/>.

Dans un article récent, Éric Lefrançois nous apprend que les constructeurs chinois ont produit plus de six millions de véhicules en 2006 avec lesquels ils comptent bien pénétrer de nouveaux marchés. Comble de malheur, pour les fabricants américains, japonais et coréens, il semble qu'un nombre important de Canadiens leur réservent un accueil enthousiaste : « Histoire de mettre la table, un sondage récent nous apprend que le quart des Canadiens serait intéressé à acheter une voiture chinoise pour 10 000 $ CAD. Voilà qui doit rassurer Chrysler qui s'apprête à commercialiser sur nos terres la première sous-compacte *Made in China*[17]. »

Plusieurs manufacturiers nord-américains, japonais et coréens produisent déjà des voitures de cette catégorie dans une gamme de prix assez étroite d'environ de 13 000 $ CAD à 15 000 $ CAD pour un véhicule de base sans aucune option. On peut comprendre leur inquiétude en apprenant non seulement que « la future A1 du constructeur chinois Chery », qui sera distribuée par Chrysler en 2008, se détaillera 10 000 $, mais qu'en plus « 43 % des répondants [du sondage] disent qu'ils sont susceptibles ou certains de se procurer un véhicule venu de l'empire du Milieu[18] ». Le succès de la Renault Logan, une voiture vendue 7 000 $, est une autre indication du désir du consommateur de pouvoir acheter un véhicule bon marché : « Il s'écoule en moyenne 2 000 Logan par mois en France. Bien au-delà des prévisions les plus optimistes[19]. »

Je suis toujours étonné de constater que beaucoup d'entreprises n'apprennent pas des leçons du passé et tombent l'une après l'autre dans le même piège, celui de la montée en gamme, de l'inflation, de la taille et des

17. É. Lefrançois, « La question à 10 000 $ », *La Presse*, 13 août 2007, cahier « L'auto », p. 3

18. *Ibid.*

19. É. Lefrançois, « La bonne idée de Loulou », *La Presse*, 2 avril 2007, cahier « L'auto », p. 3.

caractéristiques, et des hausses de prix. De toute évidence, il existe des limites à la création de besoins, surtout chez la classe moyenne. Les producteurs et les vendeurs ne peuvent pas toujours susciter de nouvelles attentes de luxe, même pour un produit comme l'automobile, étroitement lié à l'image de soi, comme nous le verrons ci-dessous. Dans plusieurs segments de marché, la raison l'emporte désormais sur la passion. Dans l'industrie automobile nord-américaine, l'endettement, le prix du carburant et les considérations écologiques ont eu raison du luxe et du gigantisme.

Pourtant, il existe une relation très particulière entre l'homme (le genre et non l'espèce) et sa bête ; il n'y a qu'à l'observer, bichonnant longuement, amoureusement presque, sa monture chaque semaine pour s'en convaincre. Est-ce un reliquat de l'époque où le cheval, et non le chien, était le meilleur ami de l'homme, et son plus utile serviteur ? Le véhicule automobile est probablement aussi le bien qui engendre les comportements les plus excessifs, sur le plan de l'achat, bien sûr, mais aussi sur celui de l'entretien, sans oublier la conduite au volant. De nombreuses études ont démontré l'existence d'un lien étroit entre l'image de ce produit et l'image de soi ; doit-on voir dans ce lien non pas la justification, mais un début d'explication de ces comportements excessifs, voire délinquants ? La possession et l'utilisation d'un véhicule entraînent-elles l'apparition d'un phénomène apparenté à celui décrit par l'auteur écossais Robert Louis Stevenson dans sa nouvelle « Dr Jekyll and Mr Hyde » ? On pourrait le croire en observant certains conducteurs sur nos routes. Examinons d'un peu plus près le lien entre le véhicule et l'image de soi. « La tendance à faire des inférences au sujet d'autrui, fondées sur leurs choix d'objets de consommation, est peut-être un des phénomènes les plus forts et les plus culturellement universels inspirés par le comportement du consommateur. Ce phénomène comporte le risque de conséquences négatives parce qu'il peut engendrer des stéréotypes préjudiciables et des critères superficiels dans les relations interpersonnelles. Par ailleurs, cette tendance fait également partie des processus qui nous permettent de communiquer sous une forme non verbale et d'avoir le plaisir de nous exprimer par le biais de la consommation[20]. »

Dans le cas de l'automobile de luxe, ou haut de gamme, cette tendance est très forte. Ainsi, on juge plus intelligent et ayant davantage de succès le propriétaire d'une voiture plus grosse et plus récente. En cette matière, les stéréotypes sont plus vivants que jamais : « J'ai été élevé avec des oncles mécaniciens et j'ai suivi les courses de stock-car très jeune ; pas étonnant qu'aujourd'hui j'aime la formule 1 et autres courses d'autos. Si je roule en Cadillac sport aujourd'hui, dont le modèle a été développé en Allemagne, c'est d'abord par une sorte de coup de foudre, nécessaire pour moi comme premier critère de choix d'une automobile. Je tombe d'abord amoureux d'une voiture… Je me soucie donc peu de l'opinion des autres sur mon choix, mais je suis très conscient qu'une certaine image de réussite ne nuit pas à l'établissement d'un lien initial de confiance professionnelle… Je ne pourrais pas arriver chez un client avec un tacot, sans susciter des interrogations sur ma compétence. »

La Cadillac CTS est un véhicule dont le prix de base est de plus de 40 000 $; c'est donc un produit de luxe que le prix positionne entre l'*inaccessible* et le *populaire*. Bien sûr l'artifice du mode de financement peut toutefois le mettre à la portée de personnes qui, sans avoir un revenu véritablement élevé, sont cependant disposées à sacrifier autre chose au plaisir de conduire ce pur-sang. Voyons ce

20. R. W. Belk, K. D. Bahn et R. N. Mayer, « Developmental Recognition of Consumption Symbolism », *The Journal of Consumer Research*, vol. 9, juin 1982, p. 4.

qu'en dit le constructeur, General Motors sur son site web : « *Habitacle grande classe* — Au volant de la toute nouvelle CTS, conçue avec le plus grand soin, le conducteur baigne dans le luxe. Son tableau de bord et ses garnitures en cuir, magnifiquement coupées et cousues à la main, ses tapis "Milan" de 14 oz et sa console centrale entièrement intégrée vous feront vivre un état de ravissement sans pareil. [...] *Image raffinée* —Résolument surbaissée, la CTS 2008 a été remodelée pour incarner la puissance et la précision absolue : la calandre chromée redessinée et la nouvelle grille avant inférieure semblent sculptées à la main ; les feux arrière à DEL étincellent comme de véritables bijoux, tandis que les roues de 18 po de série apportent la touche finale. *Pure innovation Cadillac* — Compatibilité iPod. Disque dur personnel de 40 Go. Toit ouvrant UltraView occupant plus de 70 % de la surface du toit en option. Système sonore Bose avec son ambiophonique 5.1 à 10 haut-parleurs également en option. Voilà un aperçu des caractéristiques qui, bientôt, vous seront indispensables. »

Au prix annoncé, les attentes fonctionnelles élevées du client à l'égard du véhicule rendent nécessaire l'utilisation de matériaux nobles, tel le cuir, ou de qualité supérieure, comme les tapis épais, les feux à DEL et les jantes de 18 pouces. Une confection très soignée, souvent à la main, est également de rigueur. D'autres caractéristiques de série, telle la compatibilité iPod, ou en option, tel le toit ouvrant, sont d'autres éléments de différenciation, même si certains ne sont jamais utilisés. Les allusions à la classe, au luxe, au raffinement, au fait d'être le premier, l'analogie avec les bijoux, la réputation de la mécanique allemande, l'utilisation d'une marque prestigieuse, Bose, pour la chaîne ambiophonique… rien n'est épargné pour construire une image de prestige propre à satisfaire les attentes symboliques, imaginaires et sensorielles de la clientèle. On veut vraiment que le client ait le « coup de foudre » pour le véhicule, que son achat ne soit pas rationnel, mais émotif, faisant du prix un facteur secondaire.

Une étude révèle que le véhicule automobile est un produit lié de très près à l'image de soi ; 35,4 % des personnes interrogées classent ce produit parmi ceux qui sont *les plus* représentatifs de l'image de soi[21]. Une analyse plus fine de cette relation souligne que les biens durables, catégorie qui inclut les véhicules automobiles, sont les produits qui sont liés avec le plus grand nombre d'éléments du soi. Les biens durables sont ceux qui sont utilisés de façon plus permanente par le consommateur ; l'achat de ceux-ci nécessite une plus grande implication de la part du client[22]. Ce sont également des produits plus coûteux, par exemple un véhicule d'une marque de prestige, auxquels sont facilement attachés un statut social ou un style de vie prestigieux. Cet extrait d'une entrevue réalisée dans le cadre de l'étude mentionnée ci-dessus illustre bien ce lien entre un bien durable et plusieurs éléments du soi : « Mon troisième produit, je dirais que c'est une auto. Je ne le consomme pas encore, mais je l'ai consommé dans le sens que je n'ai pas une auto… j'ai une auto 1989, donc ce n'est pas l'auto idéale que j'aimerais avoir, mais j'ai déjà eu des autos louées. Donc, j'aime beaucoup m'affirmer, affirmer ma personnalité au travers de la conduite automobile. Je trouve qu'une auto représente beaucoup notre personnalité. Aussi, moi, quand je finis mon bac je vais faire sûrement 35 000 $ par année, donc que je vais aller me chercher un cabriolet Volkswagen. Cette auto-là est décapotable, moi j'aime ça montrer… j'aime ça me montrer, j'aime ça que les gens me regardent. J'aime ça sortir des gens ordinaires. »

---

21. B. Duguay, *L'image de soi et la consommation : la nature compensatoire des produits*, *op. cit.*

22. H. Assael, *Marketing Principles and Strategy*, Fort Worth (Tx), Dryden Press, 1993, p. 253.

La consommation est perçue comme un élément générateur de plaisir, un moyen d'avoir une vie agréable : l'acquisition de produits symboliques est génératrice de plaisir parce qu'elle permet l'expression de l'image actuelle ou désirée. L'achat d'un véhicule ne fait pas exception à la règle : « Ma voiture, c'est une japonaise. Pour moi, ce que ça symbolise c'est la réussite de quelqu'un qui avance dans la vie, qui se démarque des autres. » Les émotions de plaisir et de bonheur sont plus souvent mentionnées par les personnes dont l'estime de soi personnelle est faible ; ces dernières, insatisfaites de leur image, ont tendance à davantage faire mention de leurs aspirations, activités, sentiments... Il est possible que le rêve et la quête incessante du bonheur soient une forme de compensation pour les personnes dont l'estime de soi personnelle est faible ; cette compensation est liée aux activités du soi puisqu'il s'agit d'une façon de s'adapter aux réalités de la vie.

Nous avons vu que, pour le producteur et le vendeur, la quête du luxe est souvent illusoire, les profits escomptés ne se matérialisant pas dans bien des cas ; pour d'autres raisons, elle l'est tout autant pour le consommateur. Celui qui succombe sans retenue à toutes ses envies de consommation est effectivement plus heureux au moment de l'achat et pour un temps après. Mais non seulement le bonheur de la consommation est-il éphémère, paradoxalement, rechercher le bonheur principalement dans la consommation est également source de frustration, puisque la société de consommation lance constamment de nouveaux appâts. À long terme, les personnes dont les ressources financières ne sont pas illimitées seront tôt ou tard confrontées à des envies qu'elles ne pourront pas satisfaire. Quant aux personnes très riches, elles deviendront blasées ; même les achats les plus extravagants ne résulteront plus dans le bonheur escompté.

Le mouvement que l'on observe dans certains segments du marché, vers des véhicules moins luxueux, et surtout moins chers, me porte à croire que plusieurs ont compris que le luxe n'était qu'illusion et que la consommation n'est pas le meilleur moyen d'avoir une image positive de soi, de développer son estime de soi. Ce sont ceux que Lipovetsky appelle les « alterconsommateurs », un groupe de personnes que des sondages évaluent entre 15 et 20 % des consommateurs. « Ils veulent consommer "différemment", refusent d'acheter pour jeter, dénoncent les excès du packaging, se montrent soucieux du développement durable, critiquent la recherche systématique de la nouveauté, délaissent les grandes marques pour des produits moins chers. » N'allez pas croire pour autant que ces « alterconsommateurs » soient le signe avant-coureur d'une fin prochaine de la société d'hyperconsommation, car s'ils consomment de façon plus responsable, ils « dépensent plus que la moyenne des consommateurs sur nombre de références de produits[23]. »

Cette nouvelle tendance explique sans doute pourquoi on commence à voir des constructeurs proposer des concepts de véhicules plus « essentiels », c'est-à-dire dépourvus d'une pléthore de gadgets soi-disant luxueux qui en augmentent le prix. Citroën en est un bon exemple : « Avec C-Cactus, *concept car* astucieux présenté en première mondiale au salon de Francfort 2007, Citroën développe une nouvelle vision de l'automobile, centrée sur les valeurs essentielles, et relève le pari ambitieux de proposer une berline écologique au style attractif et ludique, équipée d'une chaîne de traction hybride HDi au prix d'une C4 d'entrée de gamme. Pour parvenir à résoudre cette équation complexe, la marque explore de nouvelles voies de conception et prend le parti de renoncer à certains équipements non essentiels au bien-être des occupants, en faveur d'une technologie, d'un style

23. G. Lipovetsky, *Le bonheur paradoxal. Essai sur la société d'hyperconsommation*, Paris, Gallimard, 2006, p. 313.

et d'équipements écologiques, valorisants et valorisés par les utilisateurs[24]. »

Quand cette voiture verra le jour, si elle est un jour commercialisée dans la forme proposée, elle sera néanmoins très chère, donc à classer parmi les produits de luxe, parce que les technologies qu'elle utilise sont nouvelles. Après quelques années cependant, la production à grande échelle en fera baisser le prix et une nouvelle catégorie de voitures plus « responsables » sera accessible à la classe moyenne.

---

24. Site de Citroën, consulté le 2 octobre 2007 : <http://www.citroen.com/CWW/fr-FR/NEWS/NEWSRELEASES/LatestNewsReleases/040907_CACTUS.htm>.

CONCLUSION

Dans les pays hyperconsommateurs, la consommation est là pour longtemps encore et celle du luxe ne pourra que s'accroître. Nous vivons dans un monde dédié au plaisir, au bonheur que nous avons associé au fait de céder sans attendre à toutes les attentes suscitées par les vendeurs de tout acabit, tout particulièrement celles liées aux différents symbolismes, à l'imaginaire et à la stimulation des sens et des émotions. La publicité omniprésente, les informations transmises par les médias, nos milieux de vie personnelle et professionnelle, l'organisation de nos activités… tout contribue à véhiculer des valeurs et des modes de vie centrés sur la consommation, le luxe n'étant qu'une étape de plus dans la course à l'acquisition de biens et à l'utilisation de services destinés à nous rendre plus heureux. « Tant que la culture de la vie quotidienne sera dominée par ce système de référence, sauf à affronter un cataclysme écologique ou économique, la société d'hyperconsommation poursuivra irrésistiblement sa course[1]. »

Le fait de favoriser l'offre de produits de luxe, ou haut de gamme, plutôt que celle de produits mi-gamme est

1. G. Lipovetsky, *Le bonheur paradoxal. Essai sur la société d'hyperconsommation*, Paris, Gallimard, 2006, p. 335.

pernicieux. D'abord, cela fait beaucoup d'exclus, incapables de payer un prix plus élevé, ensuite, cela pousse à payer un prix trop élevé ce qui conduit souvent à l'endettement pour suivre le mouvement. Si elle est absurde pour les clients, cette surenchère l'est tout autant pour les entreprises, dans une perspective à plus long terme ; ces dernières semblent constamment oublier les leçons du passé. Dans l'industrie automobile, les grands manufacturiers américains se sont fait dépasser par les firmes japonaises qui ont introduit des véhicules plus petits, moins luxueux, moins gourmands et surtout moins chers. À leur tour, les voitures japonaises montent en gamme et ce sont les coréennes qui leur font le coup du lapin… en attendant le tour des Chinois. Il existe une industrie du luxe au sein de laquelle certaines sociétés ont historiquement bien réussi, mais tout le monde ne peut pas s'improviser marchand de luxe ou transformer son offre de produits en gamme de luxe. Cette industrie attire beaucoup de candidats, séduits par des marges de profit plus élevées, mais on y trouve peu d'élus ; nombreuses sont les entreprises qui auraient réussi dans le produit mi-gamme, à la portée d'une large couche de la population, alors qu'elles échouent dans le produit de luxe, dont le marché est beaucoup plus étroit.

Tant pour les consommateurs que pour les producteurs et les vendeurs, le problème, ce n'est pas le luxe, ce n'est pas non plus la richesse ; il y a des personnes plus fortunées que d'autres et elles peuvent acquérir des biens et utiliser des services de luxe, inaccessibles aux autres. Il est même souhaitable qu'il en soit ainsi, car l'argent demeurera toujours un puissant motivateur ; c'est ce qui rend le système capitaliste aussi dynamique. Ce qui fait problème, c'est l'exagération de certains, c'est l'écart disproportionné dans l'utilisation de la richesse. Ce qui est vrai pour les individus l'est tout autant pour les entreprises. Le maintien d'une marge de profit adéquate est essentiel, mais le désir de sans cesse accroître les profits engendre toutes sortes de problèmes, au premier rang desquels des mises à pied aussi massives qu'inutiles.

Dans les deux cas, la solution passe par l'homme, car le problème vient de lui. Ce sont des centaines de millions d'individus qui consomment chaque jour, et même si seule une minorité le fait de façon exagérée et irresponsable, elle est en revanche très visible et son comportement exerce un effet d'entraînement sur l'ensemble de la société. À ceux qui veulent blâmer les producteurs et les vendeurs de biens et services, je rappelle que ce sont encore des êtres humains qui gèrent ces entreprises, peut-être même que certains comptent au nombre de ceux qui consomment exagérément. Une société peut être une personne morale distincte de ses propriétaires, mais, n'étant pas corporelle, elle ne peut pas agir de son propre chef. C'est la convoitise humaine qui nous a menés là où nous sommes.

Ici comme ailleurs, la solution repose sans doute sur un changement de valeurs dans les pays hyperconsommateurs. C'est aussi la conviction de Lipovetsky : « La mutation à venir sera portée par l'invention de nouveaux buts et sens, de nouvelles perspectives et priorités dans l'existence. Lorsque le bonheur sera moins identifié à la satisfaction du plus grand nombre de besoins et au renouvellement sans borne des objets et des loisirs, le cycle de l'hyperconsommation sera clos. Ce changement sociohistorique n'implique ni le renoncement au bien-être matériel, ni la disparition de l'organisation marchande des modes de vie ; il suppose un nouveau pluralisme des valeurs, une nouvelle appréciation de la vie cannibalisée par l'ordre de la consommation versatile[2]. »

Ce changement de valeurs se manifeste déjà sur une petite échelle ; je pense au consommateur réfléchi, un type

2. *Ibid.*

d'acheteur en émergence, aux adeptes de plus en plus nombreux des produits issus du commerce équitable, à l'initiative Take Back Your Time, qui vise à endiguer la crise d'épuisement professionnel en préconisant de consacrer moins de temps au travail... Ce sont là des signes certains que notre société commence à se transformer, mais ils ne mettront pas un frein à la consommation débridée : « N'ayons pas la naïveté de croire que ces "dissidences" suffiront à faire changer de cap : elles signalent seulement que la multiplication et le renouvellement perpétuel des biens marchands ne peuvent être tenus pour la seule et principale vocation de l'homme[3]. »

Les nouvelles tendances ne sont cependant pas toutes également favorables à une réduction de la consommation. Je dirais même que, paradoxalement, les mouvements trop radicaux ont pour effet non pas de favoriser la transformation de notre société, mais plutôt de la ralentir. Peut-on être tenté par le dénuement prêché par certains ? En Amérique du Nord, où l'automobile fait partie d'un mode de vie depuis les années 1950, et sans doute ailleurs, peut-on raisonnablement espérer voir la population abandonner son mode de transport favori ? Serait-il responsable pour un gouvernement de mettre en vigueur des politiques environnementales qui entraîneraient des bouleversements économiques et par conséquent sociaux ?

Du côté des entreprises, je vois dans un capitalisme responsable l'avenue de prédilection, autant dans leur propre intérêt que dans celui de la société dans son ensemble ; cette idéologie prend racine dans le milieu des affaires. Jerry Greenfield cofondateur de la célèbre chaîne de crémeries Ben & Jerry's œuvre pour la responsabilité sociale des entreprises. À l'occasion d'une conférence au palais des congrès de Montréal en avril 2007, il déclarait : « Le monde des affaires est devenu une force tellement

---

3. *Ibid.*

puissante dans la société [...]. Mais il ne veut que faire des profits, peu importe les conséquences de ses gestes. Il dit qu'il n'a pas besoin de lois et qu'il peut se discipliner lui-même, mais l'expérience démontre que les entreprises ne se soucient que de leurs propres intérêts[4]. » Une organisation, la Canadian Business for Social Responsibility (CBSR), a été mise sur pied en 1995 à l'initiative de plusieurs entreprises ; elle vise à conseiller ses membres en vue de la prise de décisions d'affaires conformes à la fois au bien-être de l'entreprise et à celui de la société en général. Certains pourront dire que ce n'est là que de la poudre aux yeux, mais le seul fait qu'un grand nombre de grandes entreprises, dont on trouve la liste sur le site web de CBSR, aient jugé nécessaire de devenir membres de cette organisation démontre, me semble-t-il, que le milieu d'affaires commence à être sensible à une idéologie plus responsable.

Même la classe politique commence à s'y intéresser. Ainsi, pendant la campagne présidentielle de 2007 en France, Nicolas Sarkozy proposait un « capitalisme familial et patrimonial[5] » qui s'inscrit tout à fait dans la perspective de changement de valeurs qui me paraît prometteuse : « Je crois dans la force créatrice du capitalisme, mais je suis convaincu que le capitalisme ne peut pas survivre sans une éthique, sans le respect d'un certain nombre de valeurs spirituelles, de valeurs morales, sans l'humanisme, sans la culture. [...] Il faut remettre le capitalisme au service d'une certaine idée de l'homme[6]. »

4. Cité dans V. Brousseau-Pouliot, « De la cafétéria du coin à Ben & Jerry's », *La Presse*, cahier « Affaires », 10 avril 2007, p. 1.

5. Site LaTribune.fr, consulté le 23 août 2007 : <http://www.latribune.fr/info/IDC125721400573A81C12572480060C02A-$Db=Dossiers/Presidentielles2007.nsf>.

6. Site L'Abécédaire des propositions de Nicolas Sarkozy, consulté le 23 août 2007 : <http://www.u-m-p.org/propositions/index.php?id=05_capitalisme>.

Celui qui est devenu président de la République française voit dans la spéculation la source d'un grand nombre de maux dont souffrent les sociétés occidentales : « L'Europe doit protéger et pour cela elle doit contribuer à la moralisation du capitalisme financier. Si je suis élu, je proposerai que la moralisation du capitalisme financier soit l'un des principaux objectifs de la zone euro. Le capitalisme c'est la création de richesse pas la spéculation[7]. » Nous ne pouvons que partager cette opinion quant à l'opposition qu'il faut faire entre la création de richesse d'une part et la spéculation d'autre part et à la nécessité pour les gouvernements de prendre des mesures en vue d'une « moralisation et [d'une] sécurisation du capitalisme financier[8] ». Je l'ai dit, ce n'est pas le capitalisme qui est à condamner, pas plus que le système financier, mais seulement un mécanisme de spéculation outrageusement exploité, entre autres, par les fonds spéculatifs, les fameux *hedge funds*, dont le seul objectif est le profit rapide à très court terme. Il faut sérieusement s'interroger sur l'existence même de ces véhicules financiers. Les grands syndicats mondiaux partagent d'ailleurs cette inquiétude face « à l'emprise croissante des fonds d'investissement dans l'économie, qu'ils jugent dangereuse pour la pérennité des entreprises et leurs salariés », et j'ajouterais pour nos sociétés dans leur ensemble.

Éric Desrosiers, journaliste spécialisé en économie au quotidien *Le Devoir*, confirme le fait que l'idéologie *responsable* commence à faire son chemin dans le milieu des affaires : « Imaginez une entreprise privée du secteur de la santé traitant quelques centaines de milliers de patients chaque année partout dans le monde et dont l'une des usines serait la deuxième en importance dans son domaine sur la planète. Imaginez toutefois que cette entreprise ne

7. *Ibid.*
8. Site LaTribune.fr, art. cité.

cherche pas à maximiser ses profits, comme le ferait n'importe quelle autre, mais qu'elle vise plutôt à offrir ses services au plus grand nombre possible de personnes et que, par conséquent, elle fixe ses prix en fonction de la capacité de payer de ses clients. Bienvenue dans le monde du "capitalisme bienveillant" du Californien David Green, fondateur de l'organisation Project Impact[9]. »

Capitalisme responsable, familial et patrimonial ou bienveillant, le fondement est le même : un changement de valeurs, un retour en fait à des valeurs que la société d'hyperconsommation a oubliées.

9. É. Desrosiers, « Le capitalisme bienveillant », *Le Devoir*, 17 septembre 2007.

TABLE DES MATIÈRES

Éditions Liber
2318, rue Bélanger, Montréal, Québec, Canada, H2G 1C8
téléphone : 514-522-3227 ; télécopie : 514-522-2007
courriel : info@ editionsliber.org ; site : www.editionsliber.org

Distribution
Canada :
Diffusion Dimedia
539, boulevard Lebeau, Montréal, Québec, H4N 1S2
téléphone : 514-336-3941 ; télécopie : 514-331-3916
courriel : general@dimedia.qc.ca

France et Belgique :
DNM, Diffusion du nouveau monde
30, rue Gay-Lussac, 75005 Paris
téléphone : 01 43 54 49 02 ; télécopie : 01 43 54 39 15
courriel : direction@librairieduquebec.fr

Suisse :
Servidis
5, rue des Chaudronniers
C. P. 3663, CH-1211 Genève 3
téléphone : 022 960-9510 ; télécopie : 022 960-9525
courriel : admin@servidis.ch

Achevé d'imprimer en octobre 2007
sur les presses de Marquis imprimeur
Cap-Saint-Ignace, Québec